伊勢神宮内宮《いせじんぐうないくう》の御正宮《ごしょうぐう》

伊勢神宮は内宮と外宮から成る。これは内宮の御正宮で天照大神が祀られている。

夫婦岩《めおといわ》

伊勢において、古くから日の出の拝所として崇められてきた夫婦岩。高さ9メートルの男岩と4メートルの女岩ふたつの総称である。

将軍家《しょうぐんけ》奉納《ほうのう》の刀《かたな》

５代将軍徳川綱吉の生母桂昌院によって寄贈された短刀。将軍家も伊勢神宮に篤い信仰を寄せ、式年遷宮の際には大檀那として多額の寄付を行なっている。（神宮徴古館所蔵）

『斎内親王参宮《さいないしんのうさんぐう》図《ず》』

明治 28 年（1895）、有栖川宮熾仁親王の命により、斎宮が神宮に奉仕される様子を描いたもの。天皇家では皇祖神天照大神に対して、垂仁天皇の皇女倭姫以来、歴代の皇女が奉仕する役割を担ってきた。（神宮徴古館所蔵）

『伊勢《いせ》参宮《さんぐう》略図《りゃくず》并《ならびに》東都《とうと》大伝馬《おおてんま》街《がい》繁栄《はんえい》之《の》図《ず》』

江戸時代に入ると庶民の伊勢参詣熱が爆発的に高まり、伊勢神宮には全国から多くの参詣客が訪れるようになった。（国立国会図書館所蔵）

神嘗祭《かんなめさい》
伊勢神宮において毎年10月に行なわれる五穀豊穣に感謝する大祭。伊勢神宮では神嘗祭の際に御装束・祭器具を一新するため、「神宮の正月」ともいわれる。(伊勢神宮提供)

熊野古道《くまのこどう》
熊野古道は伊勢と熊野を結ぶ道。この大門坂は熊野古道の中でも往時の面影を色濃く残しており、美しい石畳が約640メートルにわたって続いている。

『熊野《くまの》那智《なち》参詣《さんけい》曼荼羅《まんだら》』

熊野山伏や熊野比丘尼が布教と勧進のために用いた曼荼羅。画面には、那智一山の社堂や、熊野にまつわる伝承が描き込まれ、見る者を飽きさせない。

(國學院大學図書館所蔵)

牛玉宝印《ごおうほういん》

寺院や神社から発行される護符の一種であるが、熊野三山のものはとくに名高い。鎌倉時代後期以降、起請文の料紙に用いられるようになった。

(國學院大學資料館所蔵)

『熊野《くまの》勧心《かんじん》十界《じっかい》曼荼羅《まんだら》』
熊野比丘尼らが布教の際の絵解きに用いた絵図。上部には人の生涯が描かれ、下部には地獄の光景が描かれている。（蓮蔵寺所蔵／津市教育委員会提供）

那智《なち》の火祭《ひまつり》

毎年7月14日に行なわれる熊野那智大社の例大祭。飛瀧神社へ向かう扇神輿12体を参道の階段に並んだ12本の大松明が迎える。（アフロ）

御船祭《みふねまつり》

熊野速玉大社の例大祭の一部を成す10月中旬の「御船祭」。熊野川において9艘の早船による競漕が行なわれる。（アフロ）

那智《なち》の滝《たき》

落差133m、滝壺の水深10mにも及ぶ那智の滝は、熊野三所権現のひとつ飛龍権現の御神体とされている。白い大滝と手前に建つ那智山青岸渡寺の朱塗りの三重塔の調和が美しい。

図説

ここが知りたかった!

伊勢参りと熊野詣で

茂木貞純［監修］

青春出版社

はじめに

旅への憧れは昔も今も変わらない。交通手段や宿泊設備の整わない昔のほうが、むしろ切実だったかもしれない。庶民《しょみん》が長旅をするのは一生に一度くらいで、準備も印象も今の旅とはずいぶんと違っていたのだろう。日常生活では、大半のものが農業に従事して、春から秋へと自然の循環に合わせて働き、神仏の加護《かご》のなかで慎《つつ》ましく生きてきた。そんな時代、神威霊験《しんいれいげん》のあらたかな神社仏閣へ参詣《さんけい》する旅は、何よりも増して魅力あふれるものであった。

日本人の心の故郷として慕《した》われた伊勢神宮《いせじんぐう》。せめて一生に一度は誰もがお参りしたいと願っていた。隣接する熊野三山《くまのさんざん》へも心はなびき、蟻《あり》の熊野詣《もう》でといわれるほど、多くの人々が熊野路に集まった。なぜ、伊勢神宮や熊野三山へと人々は向かったのだろうか。

本書はそんな素朴な疑問に応えるべく、伊勢参りや熊野詣での原点、歴史や実態を、ビジュアルを用いて解説したものである。

二〇一三年一〇月には、伊勢神宮で第六十二回式年遷宮《しきねんせんぐう》が行なわれた。千三百年前から始まり、二〇年ごとに社殿《しゃでん》と神宝《しんぽう》などを新造し、新しい神殿に神々に遷《うつ》っていただく大祭典である。

伊勢神宮は約二千年前に、伊勢の五十鈴川《いすずがわ》の川上に鎮座《ちんざ》して以来、祭りが継続されて、日本人の生活の原型がよく残っている。皇室の祖神《そしん》と仰がれて、今日に至るまでその本質がよく保たれている。日本中の人々が心の故郷として慕う実態が生きていると言ってよい。

熊野三山は、伊勢のさらに奥まった処、紀伊《きい》山地の果て南海に接する位置にある。熊野本宮《くまのほんぐう》大社《たいしゃ》と湯《ゆ》の峰《みね》温泉、速玉大社《はやたまたいしゃ》と御船祭《みふねまつり》、那智大社《なちたいしゃ》の那智滝と火祭など、それぞれ印象深い事象があるが、いずれも古い信仰に基づき、人々の記憶に残ったものだ。人里遠く離れていることもあって、よく古代の信仰を残していると言ってよいだろう。これこそが熊野信仰の魅力である。

伊勢信仰と熊野信仰は、隣接していることもあって、互いに影響を与えている。参詣という視点から見ると、そのことが良く見えてくる。江戸時代の庶民は、伊勢へ参拝して、さらに熊野にまで足を伸ばして旅を続けている。そんな昔の人々の気持ちに触れながら、現代の旅を楽しいものにしたいものだ。そして、自然豊かな伊勢地方、熊野地方だからこそ、受け継ぐことが出来た日本の心に思いを馳《は》せて欲しい、と願うものである。

茂木貞純

図説　ここが知りたかった！伊勢参りと熊野詣で●目次

第一章 聖地・伊勢と霊場・熊野の誕生 27

第三章　江戸庶民の伊勢参りと熊野詣で　139

カバー写真◆アドビストック、ピクスタ
口絵・本文写真◆伊勢神宮、神宮徴古館、熊野速玉大社、蓮蔵寺、國學院大學図書館、熊野市役所、新宮市役所、田辺市役所、多賀町役場、白浜町役場、津市教育委員会、アフロ、アドビストック、ピクスタ
図版・DTP◆ハッシィ

序章

伊勢参りと熊野詣で

序章
伊勢参りと熊野詣で

伊勢信仰と熊野信仰

伊勢神宮と熊野三山への信仰の成り立ち

皇祖神を祀る神社として特別視された伊勢神宮

伊勢《いせ》の五十鈴川《いすずがわ》のほとりに鎮座《ちんざ》する伊勢神宮《いせじんぐう》は、皇祖《こうそ》天照大神《あまてらすおおみかみ》を祭神《さいじん》とするゆえに、日本で最も格式の高い神社として、古来より国民の崇敬《すうけい》を集めてきた。

伊勢神宮は、神路山《かみじやま》の麓《ふもと》にある内宮《ないくう》と山田原《やまだはら》にある外宮《げくう》からなり、天照大神を祀《まつ》る内宮は別宮《べつぐう》十、摂社《せっしゃ》二十七、末社《まっしゃ》十六、所管社《しょかんしゃ》三十を擁《よう》し、天照大神の食事を司《つかさど》る豊受大神《とようけのおおみかみ》を祀る外宮は別宮四、摂社十六、末社八、所管社四を擁する。

その起源は神話時代に遡《さかのぼ》る。『日本書紀《にほんしょき》』によれば、孫の瓊瓊杵尊《ににぎのみこと》が天孫降臨《てんそんこうりん》する際、天照大神は自らの魂である八咫鏡《やたのかがみ》を授けた。鏡は宮殿で奉祀《ほうし》されていたが、崇神《すじん》天皇の時代に、神人分離の考えから宮殿外で祀られるようになり、垂仁《すいにん》天皇の時代になると、皇女倭姫《やまとひめ》が八咫鏡の鎮座地を求めて各地を巡幸《じゅんこう》し、天照大神の神託《しんたく》により、五十鈴川のほとりに宮を立てて祀ったという。

さらに雄略《ゆうりゃく》天皇の時代、天皇の夢に天照大神が現われ、丹後国《たんごのくに》の真奈井《まない》に坐《いま》す豊受大神を

『倭姫命世記』による天照大神の巡幸

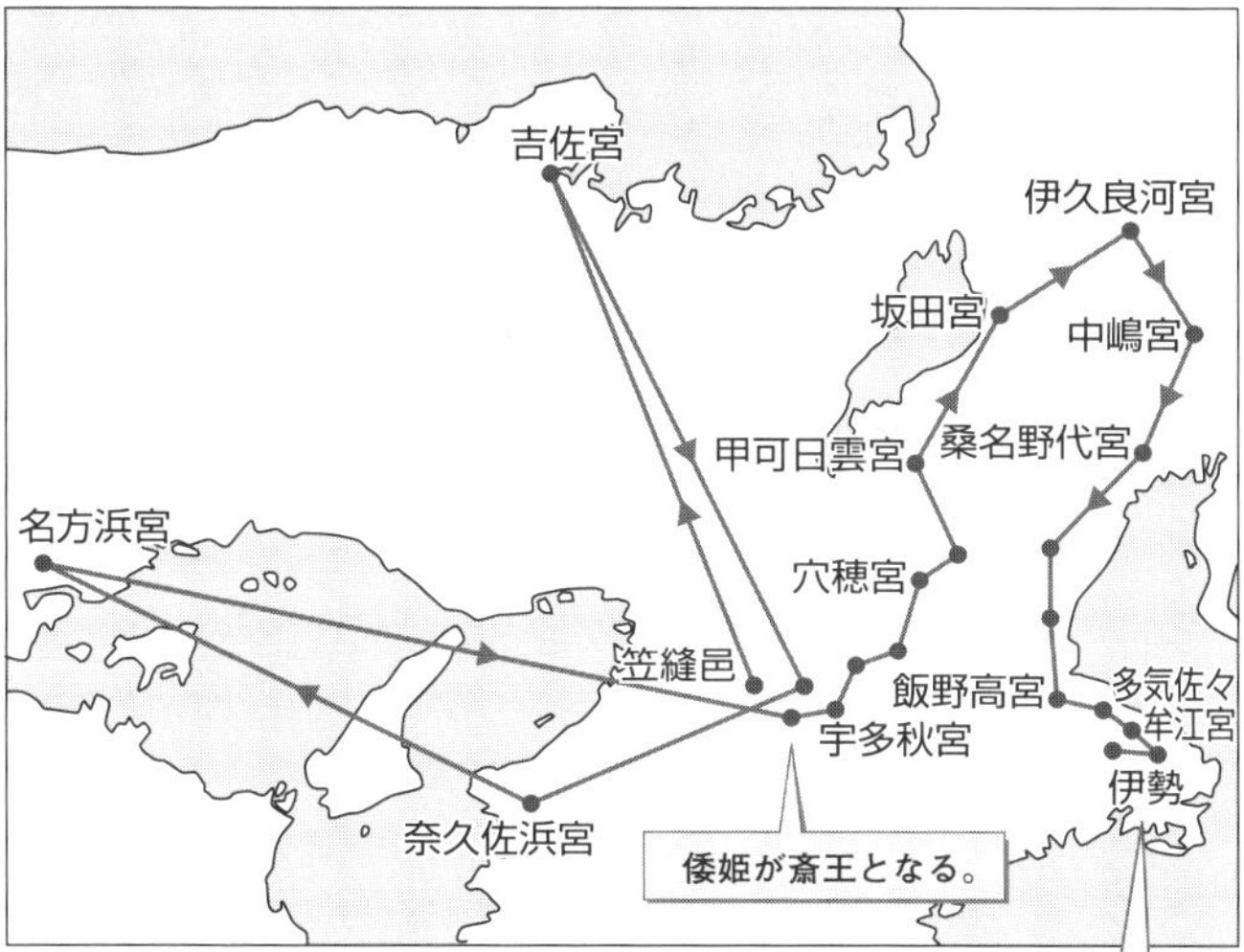

伊勢神宮内宮

『倭姫命世記』によれば、天照大神は豊鍬入姫、倭姫と２代の斎王とともに、吉備から尾張までの広範囲を、鎮座地を求めて巡幸したとされる。そして、宇多秋宮で豊鍬入姫から倭姫にその大役が引き継がれた。

自分のそばに祀ってほしいと告げた。この神託に従い、天照大神の食事を司る豊受大神を迎え、外宮に祀ったという。

七世紀に入ると、大海人皇子《おおあまのみこ》（後の天武《てんむ》天皇）が壬申《じんしん》の乱に際し、伊勢神宮を遥拝《ようはい》し戦勝を祈願して勝利を収め、伊勢神宮の地位は高まった。天武天皇は、皇女が斎王《さいおう》として伊勢に赴《おもむ》き奉仕する制度を確立し、伊勢神宮の重要性が明確になった。伊勢神宮の祭祀《さいし》は天皇が主宰することが原則で、天皇以外は幣帛《へいはく》を奉《たてまつ》ることができない「私幣禁断《しへいきんだん》」の神社とされた。

このような特別の存在であるがゆえに、伊勢神宮は古くから多くの人々の崇敬を集めることとなった。平安時代中期になると、神宮経済の変化のなかで貴族が祈祷《きとう》を受けるようになり、やがて、「御師《おんし》」と呼ばれる神職が全国各地を回って信仰を広めるようになると、諸国の武士たちが自らの領土を御厨《みくり》として献上《けんじょう》し、神領《しんりょう》も増加した。

鎌倉時代以降は、仏教の高僧や武家政権の将軍が参宮《さんぐう》するなど、さらに崇敬は広まり、豊臣《とよとみ》氏・徳川《とくがわ》氏の政権においても伊勢神宮は特別視され、領地を安堵《あんど》されている。

中世以降、伊勢信仰は庶民の信仰としても発展し、御師たちは地方を回っては檀那《だんな》（信仰者）を次々と組織化し、伊勢参りを目的に共同で資金を積み立てる「伊勢講《いせこう》」が全国各地で成立した。

こらむ

伊勢の式年遷宮

伊勢神宮では、20年ごとに正殿など殿舎、調度類、神宝をすべて一新する「式年遷宮《しきねんせんぐう》」が行なわれている。持統《じとう》天皇の690年に始まったとされるが、遷宮を行なう理由については諸説あり、明確ではない。

まずは、社殿の耐久年数が20年であるとする説、宮大工などの技能を次代に継承するのに適当な年数であるという説がある。また、旧暦の11月1日と冬至《とうじ》が重なる「朔旦冬至《さくたんとうじ》」が約20年周期で発生することに関係ありとする説もある。さらには、20年を人生の一区切りとして生命の更新と見なす説、古代の宮殿が20年で遷都されていた事実に基づくとする説、稲の最長貯蔵期限が20年だったことに関連付ける説などがある。

江戸時代、伊勢信仰は頂点を迎えたといえる。各地方では、一生に一度は伊勢参りに出かける風習が定着するようになった。また、短期間に大量の参詣者《さんけいしゃ》が伊勢神宮へ押し寄せる「お蔭参《かげまい》り」や、奉公人や子供が主人や親の許可を得ずに伊勢へ向かう「抜《ぬ》け参《まい》り」も流行した。

伊勢参りがここまで庶民信仰として定着したのは、皇祖神《こうそしん》を祀る格式の高い特別な神社であることに加え、食物の神である豊受大神が、庶民の関心が高い農耕の神として深く信仰された点も挙げられるだろう。

明治維新後の祭政一致制度のもとで、伊勢神宮はその中核に位置付けられるが、御師のしくみは廃止された。さらに、戦後は占領政策により、神道《しんとう》は国家から分離され、伊勢神宮を取り巻く環境は大きく変化した。しかし現在もなお、日本を代表する神社として参詣客は絶えることがない。

霊地、浄土として信仰された熊野

紀伊《きい》山地の熊野《くまの》は、深い森に包まれた山々が海岸線近くまで迫るという地形的特徴を持ち、古くから霊地として崇《あが》められた。国生《くにう》み神話で知られる伊弉冉尊《いざなみのみこと》を祀った地とされることから、死者の霊が宿る場所、他界《たかい》への入口と見なされ、崇敬を集めるようになる。

奈良時代には、吉野《よしの》や高野山《こうやさん》にもつながる山岳信仰の聖地として修験者《しゅげんじゃ》が活動するようになり、平安時代には早くも熊野修験道《しゅげんどう》が成立している。

熊野信仰の中心となったのは、熊野本宮大社《ほんぐうたいしゃ》、熊野速玉大社《はやたまたいしゃ》、熊野那智大社《なちたいしゃ》の三社である。当初はそれぞれ独立した存在であったが、やがて、互いの神を祀り合って一体化し、熊野三山《さんざん》、熊野三所権現《さんしょごんげん》と称されるようになった。

その後、浄土《じょうど》信仰の隆盛に伴って本宮の本地仏《ほんじぶつ》が阿弥陀如来《あみだにょらい》とされるなど、熊野が仏の浄土と見なされるようになると、平安時代以降、上皇《じょうこう》や貴族らが盛んに参詣するようになる。参詣の回数が功徳《くどく》に比例するとされたため、後白河法皇《ごしらかわほうおう》は三十四回も参詣するなど、院政《いんせい》期に

ええじゃないか

幕末に起こった社会現象「ええじゃないか」もお蔭参りとの関係が指摘されている。

は時の法皇が百年間に九十回も熊野詣《もう》でを行なったという。参詣道沿いには分祀社《ぶんししゃ》が設けられ、その数の多さから九十九王子《くじゅうくおうじ》とも呼ばれた。また、那智大社の南東にある補陀洛山寺《ふだらくさんじ》は、海の彼方にあるという浄土を目指して死出《しで》の船出をする「補陀落渡海《とかい》」の拠点となった。

　豊富な木材と天然の良港を有する熊野には、早くから水軍が生まれた。「熊野水軍」と呼ばれたこの軍事組織は、三山の統括者である熊野別当《べっとう》の指揮下で強大化し、平安時代後期の源平《げんぺい》の争乱においては源氏《げんじ》方に付き、勝敗を左右する存在ともなった。熊野三山は、信仰のみならず、政治・軍事面においても大きな影響力を持つようになったのである。

　鎌倉時代には武士の参詣が増え、熊野の護符《ごふ》である牛玉宝印《ごおうほういん》は、起請文《きしょうもん》（誓約書）を記す用途にも用いられた。熊野は「浄不浄《じょうふじょう》を問《と》わず」を謳《うた》い、幅広く門戸《もんこ》を開放したため、北条政子《ほうじょうまさこ》など女性の権力者・皇族による参詣も多く、熊野信仰の流布《るふ》を後押しした。

中世以降の熊野信仰は、それまでの貴族・武士階級に加え、庶民層にも広がっていった。これに伴い、熊野詣での道案内をする「先達《せんだつ》」、先達が連れてきた参詣者を引き継いで宿泊や参拝の世話をする「御師《おし》」のしくみが整備された。

さらに、熊野比丘尼《くまのびくに》と呼ばれる女性たちが各地を巡って曼荼羅《まんだら》などを用いた絵解きを行ない、庶民らに熊野詣でを呼びかけた。

こうして、熊野は貴族・武士から庶民まで幅広い層の信仰を集めるようになり、大勢で列をなして参詣するさまは「蟻《あり》の熊野詣で」と譬揄《ひゆ》されるほどであった。

しかしその後は、庶民による伊勢参りが隆盛を迎える一方で、立地条件で不利な熊野詣では逆に衰退気味となった。

ただし、熊野詣では西国巡礼《さいごくじゅんれい》の一環として組み入れられる形となり、東国からの伊勢参りの延長として熊野を訪れる参詣者は少なくなかった。

明治以降は、三社がそれぞれ独立した存在に改められ、現在に至っている。

紀伊の霊場と熊野古道

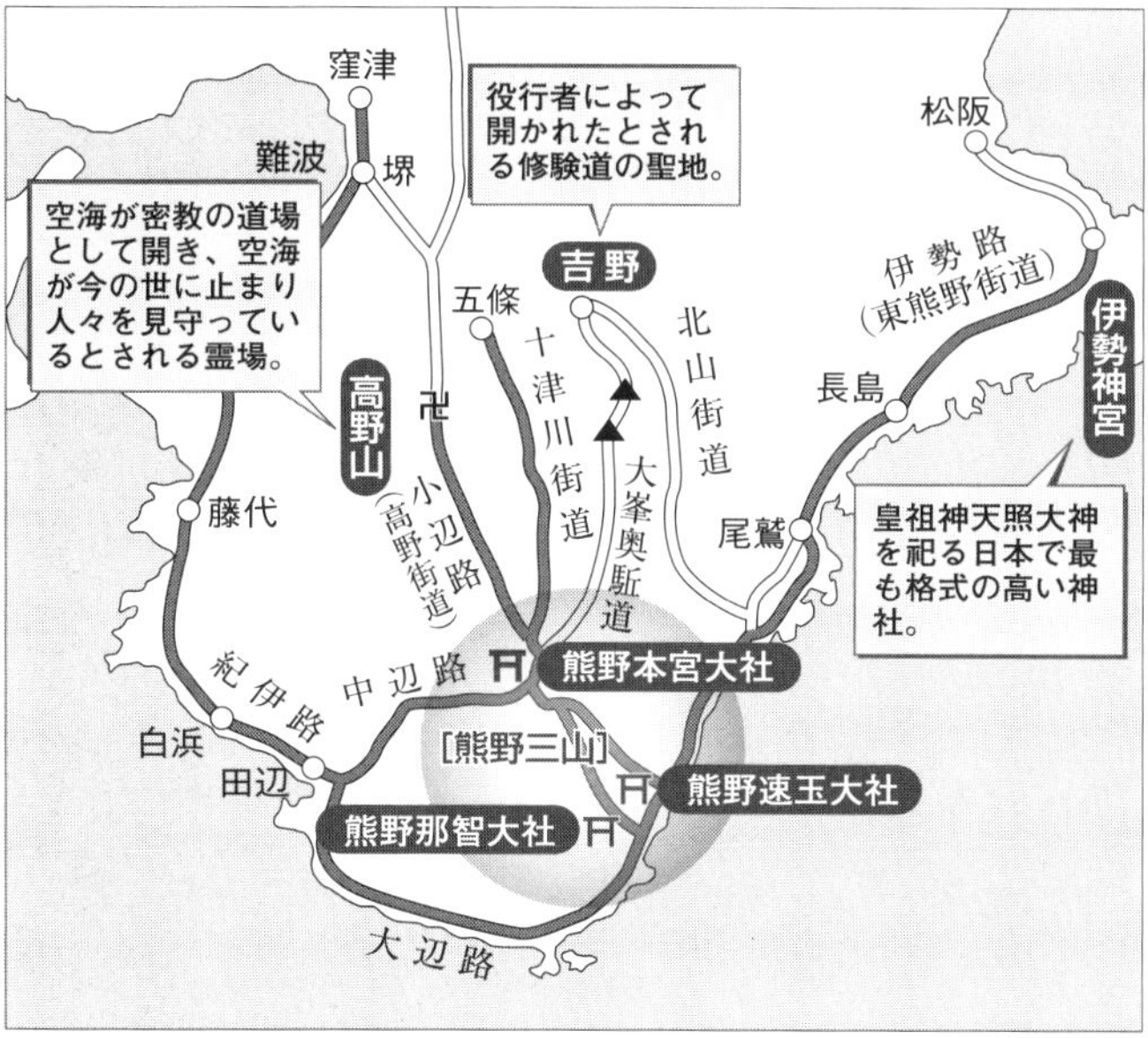

紀伊半島には、高野山、熊野、吉野、伊勢神宮と古代からの聖地が点在し、熊野古道によって結ばれている。

紀伊山地

古来、様々な信仰の舞台となってきた紀伊山地。

伊勢と熊野の祭事

一年を通して行なわれる様々な儀式

神に新穀を捧げる神嘗祭

伊勢神宮では年間千数百回の祭事が行なわれている。大別すると、遷宮《せんぐう》に伴う遷宮祭、国家の重大事に行なわれる臨時祭《りんじさい》、毎年定期的に行なわれる恒例祭《こうれいさい》の三種に分かれる。恒例祭のなかでも重要なのが神嘗祭《かんなめさい》と月次祭《つきなみさい》（六月と十二月の年二回）で、三節祭《さんせつさい》と呼ばれる。これに祈《き》年祭《ねんさい》、新嘗祭《にいなめさい》を加えて五大祭《ごだいさい》と呼ばれる。

五大祭は、二月の祈年祭から始まる。祈年祭は「としごいのまつり」とも呼ばれ、その年の五穀豊穣《ごこくほうじょう》を祈願する。六月と十二月には、神嘗祭に準じる形式で月次祭が行なわれる。

十月の神嘗祭は天照大神に新穀《しんこく》を奉るもので、最も重要な祭事とされる。神嘗祭に際しては、調度品などがすべて新調される。神嘗祭に関連して、神宮神田《しんでん》では、神田下種祭《げしゅさい》、抜穂祭《ぬいぼさい》など、一年を通じてさまざまな祭事が行なわれる。

十一月の新嘗祭はその年の収穫に感謝する宮中祭祀で、併せて神宮でも祭事を執り行なう。神嘗祭、祈年祭、新嘗祭には勅使《ちょくし》も参向《さんこう》する。

伊勢神宮の式年遷宮の流れ

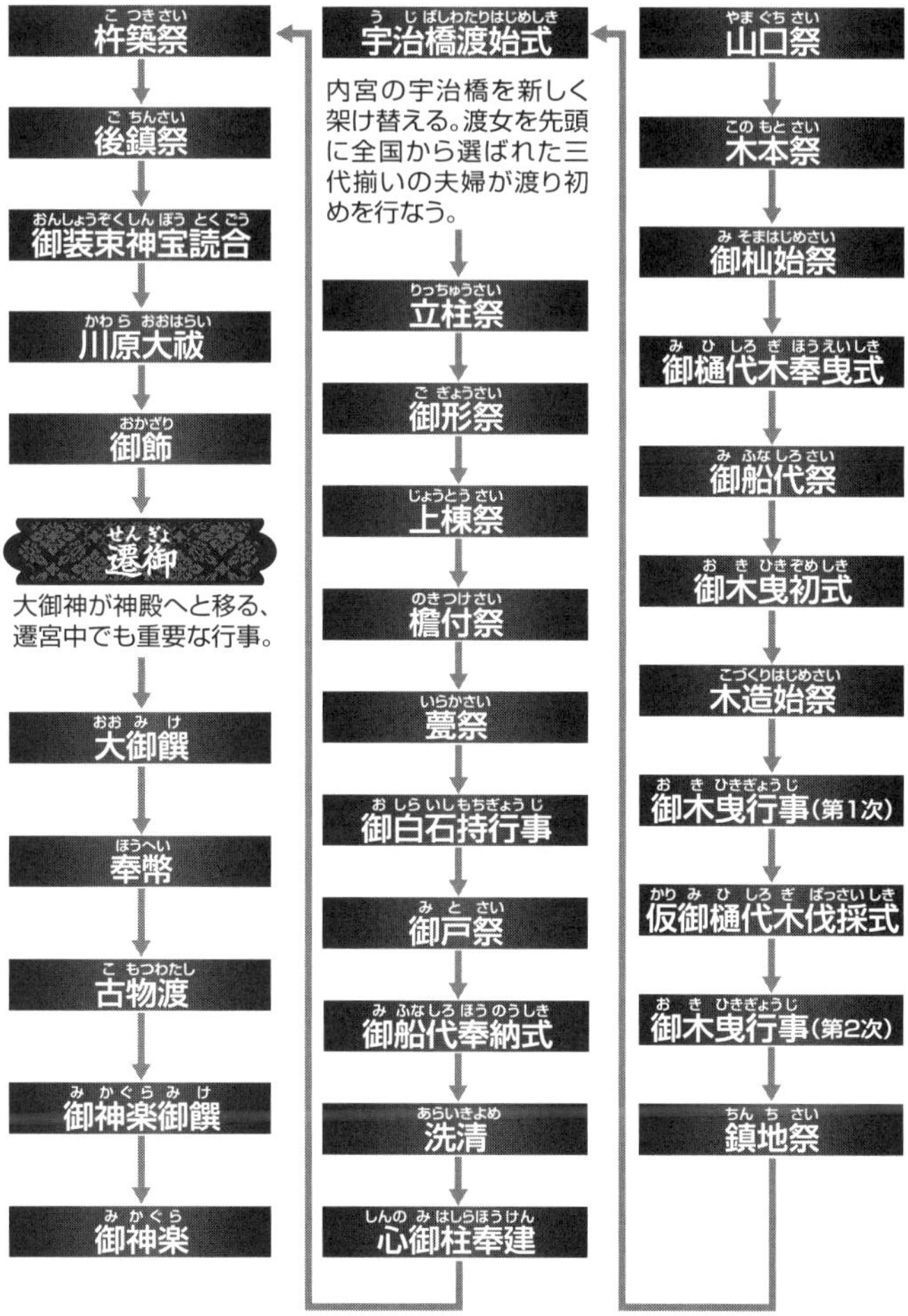

式年遷宮が行なわれるのは、神の霊力を回復するため、また、社殿建築の継承のためなどといわれるが定かではない。20年に1度行なわれる遷宮では、8年にわたって30の祭儀が行なわれる。

また、外宮のみで毎日行なわれる祭事として、朝夕の二回、神々に食事を奉る日別朝夕大御饌祭《ひごとあさゆうおおみけさい》がある。

三社それぞれの例大祭

熊野三山では、三社がそれぞれ別の時期に行なう例大祭《れいたいさい》が主要な祭事で、それぞれに特徴がある。四月の本宮大社例大祭では、大祭に先立ち、湯登神事《ゆのぼりしんじ》、宮渡《みやわたり》神事が行なわれる。湯登神事では、神の憑坐《よりまし》である稚児《ちご》らが湯《ゆ》の峰《みね》温泉で潔斎《けっさい》をしたのち、父親に肩車されて大日峠《だいにちとうげ》を越える。その後の大祭では、華やかに飾り立てられた神輿《みこし》の行列が旧社地に向かう御輿渡御《とぎょ》が行なわれる。

七月の那智大社例大祭は「那智の火祭《ひまつり》」として知られ、それぞれ十二体の扇《おうぎ》神輿と大松明《おおたいまつ》が参道で対峙《たいじ》する。扇神輿は太陽の象徴とされ、豊作祈願の儀礼といわれる。

十月の速玉大社例大祭では、渡御神事と御船祭《みふねまつり》が行なわれる。渡御神事は神馬《しんめ》に神霊《しんれい》を乗せて御旅所《おたびしょ》に向かう祭事で、翌日の御船祭では、神霊は神幸船《しんこうせん》に移り、約一・六キロ上流にある御船島まで新宮川《しんぐうがわ》を遡上《そじょう》する。

このとき、先導役の早船《はやぶね》九艘《そう》による競漕《きょうそう》が行なわれる。この祭りは、熊野権現《ごんげん》の鎮座伝説

御船祭（熊野速玉大社）

熊野速玉大社の例大祭の一部を成す10月中旬の「御船祭」。熊野川において9艘の早船による競漕が行なわれる。（アフロ）

を再現したものともいわれる。

そのほかにも、熊野ではさまざまな祭事が行なわれている。二月と十月には花窟《はなのいわや》神社の例大祭があり、神体《しんたい》である岩と神木に約百七十メートルの大綱を掛け渡すお綱掛《つなか》け神事が行なわれる。

神倉《かみくら》神社で二月に行なわれる御燈祭《おとうまつり》は、新年に火の更新をする祭事で、上《あが》り子《こ》（参加者）たちは、速玉大社、阿須賀《あすか》神社、妙心寺《みょうしんじ》を巡拝し、山上の神倉神社に集まる。

夜の八時頃、赤々と燃える松明を手にした二千人もの一群は、合図とともに一斉に石段を駆け下りる。

このように、熊野の祭事には勇壮で豪快なものが多く見られる。

	1月	2月	3月	4月	5月	
伊勢	1日 歳旦祭 3日 元始祭	11日 建国記念祭 17－23日 祈念祭	春分の日 御園祭	上旬 神田下種祭	1日 神御衣奉織始祭 14日 神御衣祭 風日祈祭	1日 御酒殿祭
熊野	1日 開寅祭（本宮） 7日 八咫烏神事（本宮）	6日 御燈祭（神倉神社／速玉）		**13－15日 例大祭（本宮）** 湯登神事（湯の峰王子）・宮渡神事（大斎原）・船玉祭・祓戸天神祭・前夜祭（本社）・神輿渡御・御田祭（大斎原）		

伊勢・熊野の祭事

6月	7月	8月	9月	10月	11月	12月
15－25日　月次祭 30日　夏越大祓		4日　風日祈祭	上旬　抜穂祭	1日　御酒殿祭 5日　御塩殿祭 **15－25日　神嘗祭**	23－29日　新嘗祭	1日　御酒殿祭 15－25日　月次祭 31日　大祓
	14日　例大祭「那智の火祭」（那智） 大和舞・那智田楽・扇神輿渡御（本社） 御滝神事・扇ほめ神事・那瀑の舞（飛瀧権現） 14日　扇立祭（速玉）	15日　萬燈祭（本宮）		**15－16日　例大祭（速玉）** 神馬渡御式・御船祭	14日　紅葉祭	10日　御竈木神事

こらむ 参詣伝説①

小栗判官と熊野

熊野本宮大社にほど近い湯《ゆ》の峰《みね》温泉のつぼ湯は、中世を舞台にした「小栗判官《おぐりはんがん》」の蘇生《そせい》伝説で古くから知られている。

この伝説は物語化され、歌舞伎《かぶき》や浄瑠璃《じょうるり》になり、近世には近松門左衛門《ちかまつもんざえもん》が「当世《とうせい》小栗判官」を著すなど広く流布《るふ》した。この伝説を通じて熊野が広く喧伝《けんでん》され、多くの人々を熊野参詣へと導くきっかけになったのである。

その伝説は次のような筋書きである。二条高倉《にじょうたかくら》の大納言《だいなごん》兼家《かねいえ》の子小栗判官は、大蛇の分身と契《ちぎ》り都に災いをもたらしたため、常陸国《ひたちのくに》へ流される。その地で相模《さがみ》の郡代の娘照手姫《てるてひめ》に強引に婿《むこ》入《い》りし、怒った姫の父や兄弟に毒殺されてしまう。しかし閻魔大王《えんまだいおう》の寛大な裁きにより小栗は餓鬼《がき》の姿で蘇生した。「熊野の湯の峰に入れれば元の姿に戻る」という彼の胸《むね》札《ふだ》を見た時宗《じしゅう》の藤沢上人《ふじさわしょうにん》は、「この車を一度引いたものは千《せん》僧供養《ぞうくよう》、二度引いたものは万僧供養」と書き加えて、小栗を土車《つちぐるま》に乗せた。多くの人々が土車を引いたが、引き手の中には流浪《るろう》の末、美濃国《みののくに》で下働きとなっていた照手姫も、夫とは知らずに加わっていた。つぼ湯に入った小栗は元の姿に戻り、照手姫と幸せに暮らしたという。

この異形と化した小栗が人々の助けを得て蘇生する内容には、浄不浄《じょうふじょう》を問わず救済するという熊野信仰の特徴がよく現れている。

なお湯の峰には、照手姫が土車を埋めたという「車塚《くるまづか》」や、復活した小栗が力を試したという「力石《ちからいし》」などの伝説地が残されている。

第一章

聖地・伊勢と霊場・熊野の誕生

第一章
聖地・伊勢と
霊場・熊野の
誕生

花の窟

伊弉冉尊の陵で行なわれる「死者の国」の鎮魂儀礼

伊弉冉尊を葬った花の窟

伊勢《いせ》と熊野《くまの》のつながりを明らかにする前に、まずは、熊野にはどのような信仰が育まれていたのかを見ていきたい。

熊野は、樹木が鬱蒼《うっそう》と生い茂る深い山岳地帯にして、山地のすぐそばに海岸線があるという独特の地形が広がる地である。訪れる人を拒むような雄大な自然に、古代の人々は畏怖《いふ》の念を抱いたのだろう。「隠国《こもりく》」、すなわち、外界とはかけ離れた異界への入口、死者の霊魂がこもる死者の国と見なしてきた。

『古事記《こじき》』『日本書紀《にほんしょき》』などの神話においても、熊野は「死者の国」というイメージで描かれているが、その象徴といえるのが、熊野市有馬《ありま》町の七里御浜《しちりみはま》にある花窟《はなのいわや》神社である。この神社は、伊弉冉尊《いざなみのみこと》が埋葬された場所として信仰されてきた。

『日本書紀』によると、伊弉冉尊は伊弉諾尊《いざなぎのみこと》とともに、大八島国《おおやしまのくに》（日本の国土）や神々を次々と生み成したが、火の神である軻遇突智《かぐつち》を産み落とした際に陰部を焼かれ、これが原因で亡く

花窟神社のお綱掛け神事

伊弉冉尊の陵墓と伝わる花の窟から綱が掛け渡され、神事に参加した人々が伊弉冉尊とつながる。

なってしまう。その亡骸《なきがら》は熊野の有馬村に葬《ほうむ》られたとされ、土地の人々は、季節の花を供え、鼓《つづみ》、笛《ふえ》、幡《はた》でもって歌い舞って、これを祀《まつ》ったという。

その伊弉冉尊が葬られた場所が花窟神社であり、ここにある高さ約四十五メートルの大岩が伊弉冉尊の神体《しんたい》とされる。その南には、王子《おうじ》の窟《いわや》と呼ばれる、高さ約十二メートルの岩があり、軻遇突智が祀《まつ》られているという。

かくして、伊弉冉尊の陵《みささぎ》（墓）とされた花の窟は、黄泉国《よもつくに》（死者の国）の入口ともされた。その背景として、洞穴《どうけつ》は神霊の出現地であるとする信仰の存在に加え、この地には水葬《すいそう》や風葬《ふうそう》、納骨《のうこつ》の伝承が残されるなど、他界《たかい》への入口と見なされていたことがある。とくに、水葬された人々の霊は常世国《とこよのくに》（永遠の国）へ赴《おもむ》くと常世神となり、海の彼方《かなた》から来訪して豊作をもたらすと信じられていた。

『日本書紀』には、少彦名《すくなびこな》が熊野から常世国に行ったり、神武《じんむ》天皇の兄が浪《なみ》の秀《ほ》を踏んで常世郷《さと》に行ったという記述があり、熊野においては、死と復活、常世国など、さまざまな形での他界信仰が発展した。

現代に受け継がれる鎮魂儀礼

このような熊野の他界信仰を象徴する神事《しんじ》が、花祭りである。

この場所に季節の花を供え、歌い舞ったという伝承は、花の窟を伊弉冉尊の陵と見なし、鎮魂儀礼である最古の花祭りが行なわれたことを示すもので、死者信仰を表わす神事であるといえる。

中世になると、死者供養《くよう》のために卒塔婆《そとば》が立てられ、埋経《まいきょう》も行なわれるようになった。

今でもその信仰は、二月と十月に行なわれる「お綱掛《つなか》け神事」に受け継がれている。これは、幡や花、扇を付けた大綱を、神体の岩から神木の松に掛け渡す神事で、花祭りと同様、死者の鎮魂《ちんこん》を意味する儀礼である。

死者の世界・熊野

熊野一帯には「死」を連想させる場所や伝説が散在し、多くの学者が熊野を「死者の世界」と捉えている。

第一章 聖地・伊勢と霊場・熊野の誕生

出雲と伊勢と熊野

西方の「黄泉国」を介してつながる両地

出雲に祀られる熊野大神

紀伊《きい》半島南部に位置する熊野は、古くから死者の霊が宿る国とされてきたが、「熊野」の語源については諸説がある。

昔、この地に大きな熊が現われたという話が『古事記』にあり、熊野の地名もこれに由来するという説があるほか、クマを「米」の意とし、米のとれる場所とする説がある。さらに、クマは「こもる」の意で、神のこもる聖域とする説や、クマに「隈」（奥まった地）の字をあて、未開地を意味する「野」と合わせて、都から遠い場所にある未開地とする説もある。このほか、クマを「神」の古語と見なす説、朝鮮の地名「熊成」と起源を同じくするもので、熊を神と見なす古代信仰に基づくとする説などもある。

熊野という地名は、紀伊だけではなく、丹後国《たんごのくに》の熊野郡、但馬国《たじまのくに》の熊野郷など全国に散見《さんけん》される。いずれも畿内《きない》の周辺部にあり、都から見て「隈」にあたる場所にある。その多くは、海の近くに位置して背後に山があり、黄泉国など死にまつわる伝承が残されている。

伊弉冉尊の埋葬地と熊野の地名

脳《なづき》の磯《いそ》

出雲国において黄泉国への入口とされた洞窟。

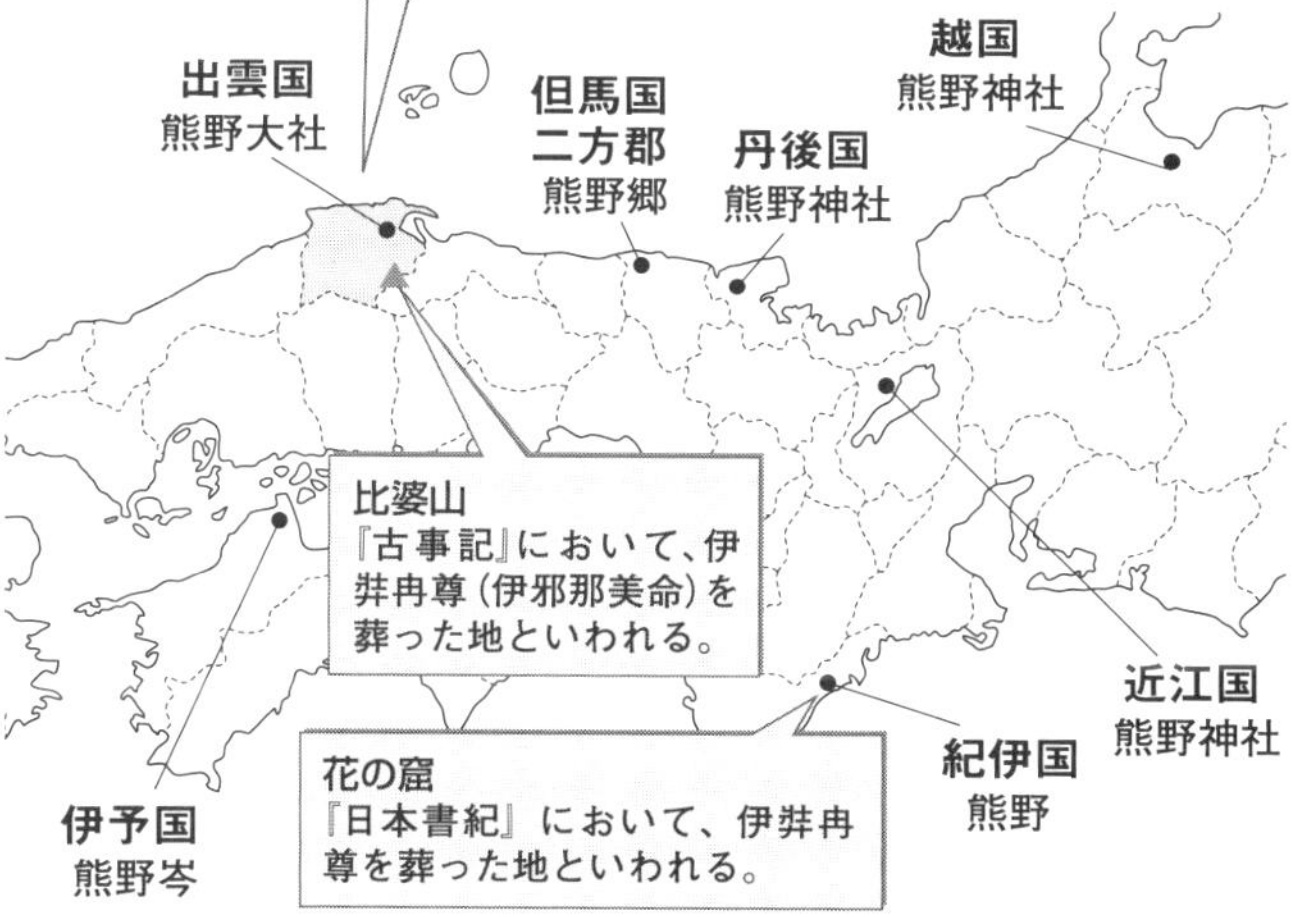
出雲国
熊野大社
但馬国
二方郡
熊野郷
丹後国
熊野神社
越国
熊野神社
比婆山
『古事記』において、伊弉冉尊（伊邪那美命）を葬った地といわれる。
近江国
熊野神社
紀伊国
熊野
伊予国
熊野岑
花の窟
『日本書紀』において、伊弉冉尊を葬った地といわれる。

伊弉冉尊の埋葬地については、『古事記』と『日本書紀』で別々の場所が記されている。

これら「熊野」の地名が残る場所のなかでも、紀伊の熊野と不思議なつながりが見られるのが、出雲《いずも》である。

出雲には紀伊と同じく熊野大社があり、熊野大神が祀られているが、『出雲国風土記《いずものくにふどき》』によると、出雲にある神社のなかで大社とされているのは、大国主命《おおくにぬしのみこと》を祀《まつ》る出雲大社《たいしゃ》と熊野大社のみだった。つまり熊野大神は、大国主命と並ぶ出雲の最高神に位置付けられていたことになる。

また、出雲では古くから地名や神名に「熊」の字が多く用いられた。熊野大社があったのは熊野山（天狗山《てんぐやま》）であり、この地にゆかりの深い神名として「熊野樟日命《くすひのみこと》」「熊野忍稲命《おしほみのみこと》」などがある。

こうした点から、古代の出雲と熊野には何らかの交流があった可能性があり、熊野本宮・新宮の祭神は出雲国の人々がもたらしたとする説もある。

太陽が沈む西の国

出雲と熊野はともに、記紀《きき》神話において「幽世《かくりよ》」（あの世）と認識されていた。

『日本書紀』では、一書によれば伊弉冉尊は熊野に葬られたと記されているが、『古事記』では、

熊野三山の祭神と日本神話の神々

［熊野本宮大社］

主神 家都美御子大神《けつみみこおおかみ》 ＝ 須佐之男命《すさのおのみこと》

［熊野速玉大社］

主神 熊野速玉大神《くまのはやたまおおかみ》 ＝ 伊邪那岐命《いざなきのみこと》

［熊野那智大社］

主神 熊野夫須美神《ふすびのかみ》 ＝ 伊邪那美命《いざなみのみこと》

熊野三山それぞれの主神は、いつしか日本神話の体系に登場する神々と同一の神とされるようになった。

伊弉冉尊は出雲国の国境付近にある「比婆之山《ひばのやま》」に葬られ、黄泉国の入口は出雲にあると記されている。

出雲が幽世と見なされた理由の一つとして、古代の都があった大和《やまと》の地から見て、太陽の沈む西の方角に位置していたことが挙げられる。『日本書紀』では、一書によれば大己貴命《おおなむちのみこと》（大国主命）が祀られた天日隅宮《あまのひすみのみや》（現在の出雲大社）は「太陽の沈む聖地」であるとしている。

これに対し、太陽が昇る聖地、幽国に対比される顕国《うつしくに》（この世）として崇《あが》められたのが、都から見て東方にある伊勢であった。

このように、古代における熊野と伊勢のつながりは、出雲を介しても垣間見《かいまみ》られる。

素盞嗚尊

伊勢と熊野をつなぐ天照大神の弟の原像

紀伊の国に登場する素盞嗚尊

八岐大蛇《やまたのおろち》退治で有名な素盞嗚尊《すさのおのみこと》も、伊勢と熊野をつなぐ存在である。

素盞嗚尊は伊勢神宮の祭神天照大神《あまてらすおおみかみ》の弟で、母伊弉冉尊の坐《いま》す「根《ね》の国」（黄泉国）へ行きたいと願っていたが、粗暴な性格であり、田を荒らすなどの悪事を繰り返した。

これに怒った天照大神が岩屋戸《いわやと》に引きこもる事件が起きたため、罰として素盞嗚尊は下界の出雲へ追放された。しかし、出雲で八岐大蛇を退治して英雄となり、この地に鎮座することとなった。

このように、素盞嗚尊は出雲と関わりが深い神であるが、紀伊の国とも関わりがある。その鍵となるのが、素盞嗚尊の子大屋毘古神《おおやびこのかみ》である。

『古事記』によると、大国主命は兄たちから疎《うと》まれて殺され、その後に再生したものの、なおも兄たちから追われた。

その大国主命を、「木《き》の国」（紀伊国）の大屋毘古神がかくまい、根の国にいた素盞嗚尊のも

素盞嗚尊の系譜

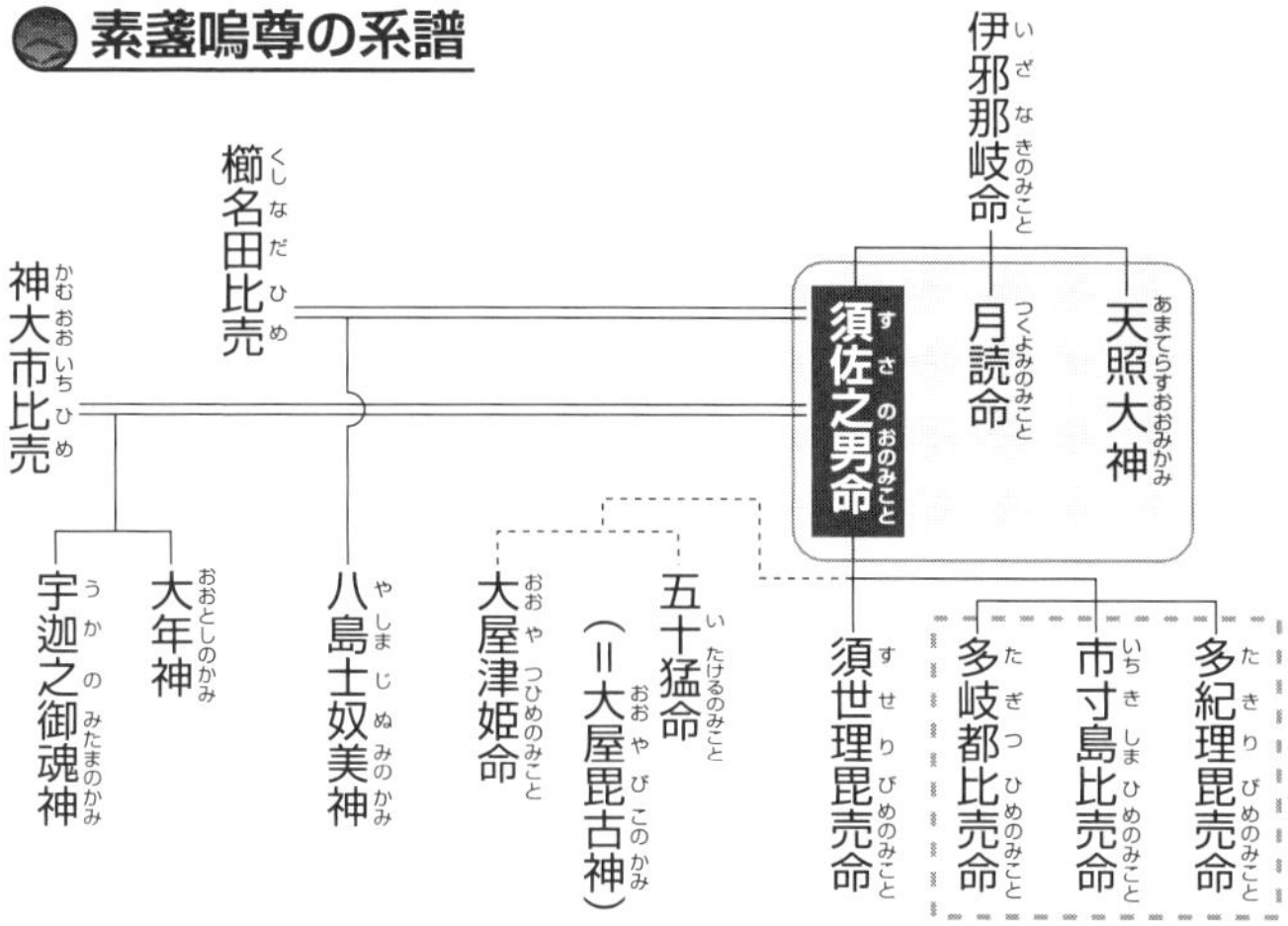

『日本書紀』に登場する五十猛命は、素盞嗚尊（須佐之男命）の御子神で植樹を行なったとされ、『古事記』の大屋毘古神と同神といわれる。

とへ逃がしたという。その後、大国主命はいくつかの試練を経て、地上の王となる資格を与えられる。

『日本書紀』では、一書による伝承として、大屋毘古神と同神とされる五十《い》猛命《たけるのみこと》が父素盞嗚尊とともに朝鮮半島の新羅《しらぎ》を経て出雲に降り、五十猛神は日本国中に植樹をして回ったのち、紀伊に鎮座したという話が述べられている。

出雲と紀伊にある須佐神社

こうした神話の背景を示すかのように、素盞嗚尊を祀る須佐《すさ》神社が、出雲と紀伊（有田《ありだ》）の双方に存在する。

『出雲国風土記』では、飯石郡《いいいしのこおり》須佐郷《すさのさと》にやって来た素盞嗚尊がこの地を気に入り、須佐神社がある場所に鎮座したという伝承が記され、須佐郷を素盞嗚尊の本拠地としている。

このほかにも、『出雲国風土記』には素盞嗚尊に関する記述がいくつか見られるが、いずれも牧歌的な神として記され、『古事記』が記すような荒《あら》ぶる要素は全く見られない。

記紀神話よりこちらのほうが、素盞嗚尊の原信仰をより忠実に伝えていると一般には考えられている。

一方、紀伊の有田にある須佐神社は、平安時代には、出雲の須佐神社より格上とされていた。

出雲の須佐神社が神階《しんかい》を授けられていないのに対し、紀伊の須佐神社は従五位上《じゅごいのじょう》の神階を授けられており、当時はこちらが重視されていたことがわかる。また、熊野本宮大社の家都美《けつみ》御子神《みこのかみ》は素盞嗚尊と同神ともいわれている。こうした背景から、素盞嗚尊の本拠は紀伊にあったとする説もある。

紀伊と出雲、どちらが素盞嗚尊の本拠であるかは定かではないが、これらが日本神話の体系に取り込まれて、記紀神話の素盞嗚尊像へと昇華していったと考えられている。

姉天照大神の伊勢と弟素盞嗚尊の出雲は対比されることが多いが、紀伊の熊野も素盞嗚尊と関わりの深い土地の一つであり、熊野と伊勢をつなぐ存在だったといえる。

和歌山の須佐神社

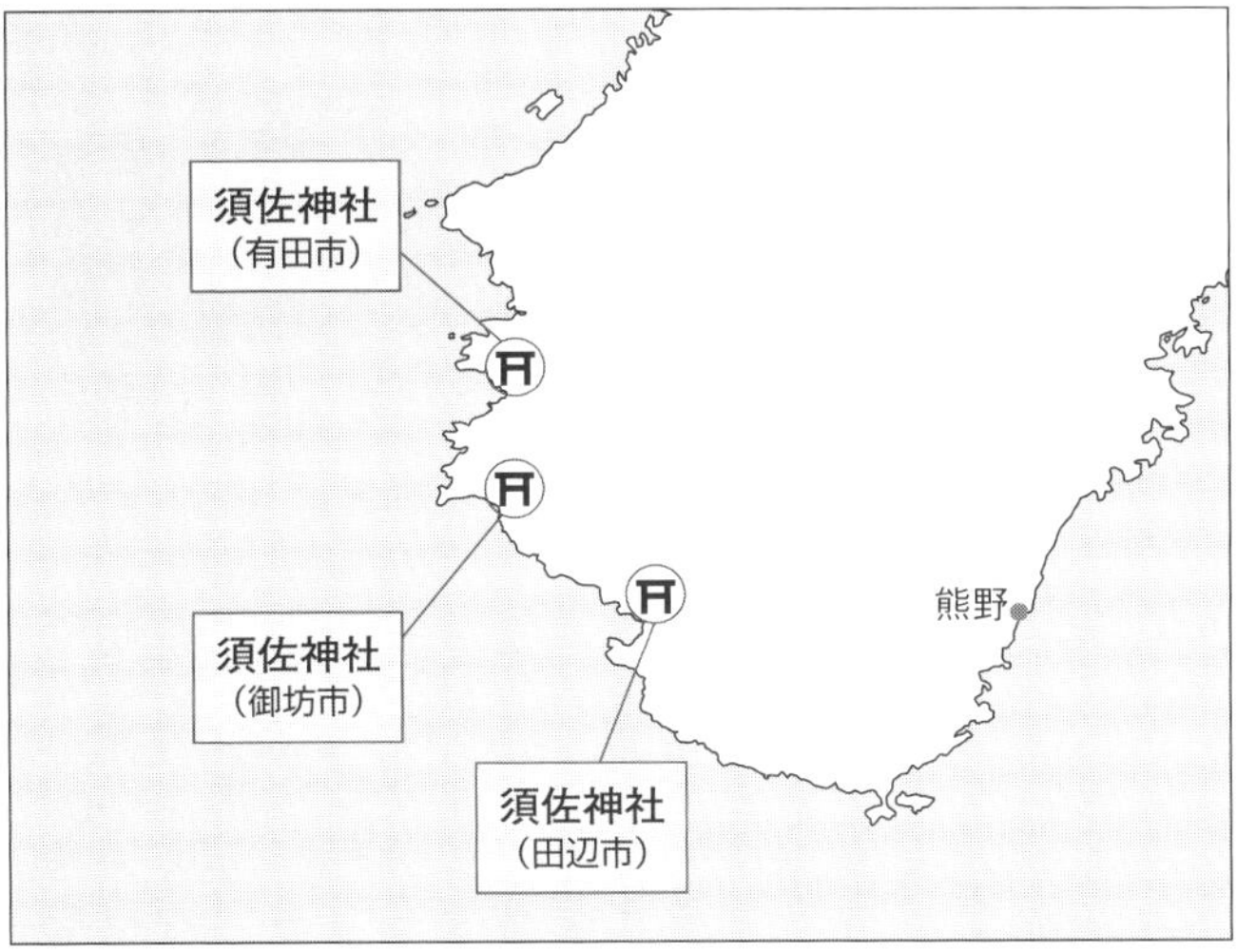

素盞嗚尊の故郷出雲から遠く離れた和歌山にも、３つの須佐神社が鎮座している。日本神話には木の国として登場する和歌山を舞台に、素盞嗚尊の御子神である五十猛命（大屋毘古神）が活躍しており、じつは密接な関係にある。

須佐神社

素盞嗚尊を祀る出雲市の須佐神社。素盞嗚尊はもともとこの地域に根付いた製鉄技術を持つ集団が崇めた神だったともいわれる。

第一章 聖地・伊勢と霊場・熊野の誕生

八咫烏

神の使いとして信仰されたカラス

神武天皇の東征を助けた八咫烏

熊野は天照大神の弟素盞嗚尊が鎮座する地として重視されるなど、伊勢との関わりが深い土地だが、さらに、熊野三山の守り神ともいわれる八咫烏《やたがらす》が神武《じんむ》天皇の東征《とうせい》を助けたという神話も存在する。

天照大神の子孫である磐余彦尊《いわれびこのみこと》は、天下を治めるため、九州から大和《やまと》を目指し東征を開始したが、河内《かわち》から上陸しようとしたところで敵対勢力の抵抗にあったため、経路を変更し、紀伊半島沿いに海上を南下して熊野から上陸した。

ところが、険《けわ》しい山中で一行は道に迷ってしまう。そのとき、『日本書紀』によると、磐余彦尊の夢に天照大神が現われ、案内役に八咫烏を遣《つか》わすというお告げがなされた。八咫烏の先導により、一行は無事に吉野《よしの》を越えて大和に入り、一帯を平定する。こうして、磐余彦尊は神武天皇として即位した。

平安時代初期に編纂《へんさん》された古代氏族名鑑である『新撰姓氏録《しんせんしょうじろく》』によると、八咫烏は賀茂《かも》

全国の主なカラス信仰

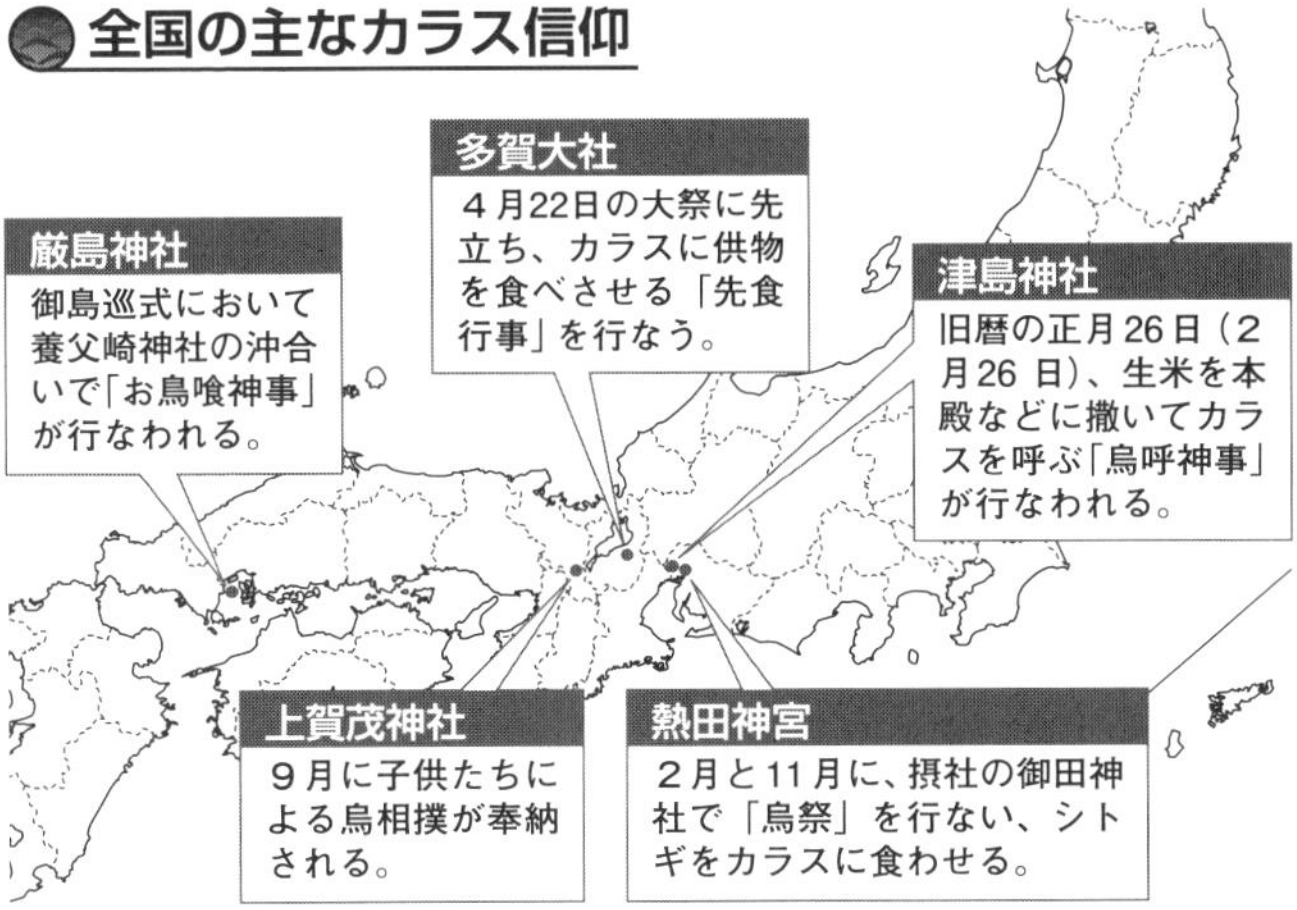
多賀大社
４月22日の大祭に先立ち、カラスに供物を食べさせる「先食行事」を行なう。
厳島神社
御島巡式において養父崎神社の沖合いで「お鳥喰神事」が行なわれる。
津島神社
旧暦の正月26日（２月26 日）、生米を本殿などに撒いてカラスを呼ぶ「烏呼神事」が行なわれる。
上賀茂神社
９月に子供たちによる烏相撲が奉納される。
熱田神宮
２月と11月に、摂社の御田神社で「烏祭」を行ない、シトギをカラスに食わせる。

カラスは古くから神の使いと考えられていた。その名残から、現在もさまざまな神社でカラスにまつわる神事が行なわれている。

建角身命《たけつのみのみこと》の化身《けしん》で、この功績により「八咫烏」の名を賜《たまわ》ったとあり、京都の賀茂《かも》神社の神官《しんかん》を代々務めてきた鴨氏《かもうじ》は、その子孫といわれる。

熊野のミサキ神であるカラス

古代の神話において、カラスは神に近い「霊《れい》鳥《ちょう》」と見なされていた。

とくに熊野では、神の使いであるミサキ神として信仰されていた。八咫烏が神武東征を先導したという伝説は、このミサキ神の信仰から生まれたものだろう。

八咫烏とは本居宣長《もとおりのりなが》によると、「大きなカラス」という意味であるという。また、古代中国には、太陽の中に三本足のカラスが棲《す》むという

「射日神話《しゃにちしんわ》」があった。熊野の八咫烏は、この神話の影響を受けたためか、三本足のカラスとして広まった。

やがて、八咫烏は熊野三山の守り神となり、護符《ごふ》である牛玉宝印《ごおうほういん》にもその姿が描かれるようになった。

牛玉宝印は中世以降、武士の起請文《きしょうもん》を記す用紙としても使われたが、ここに記された誓いを破ると、熊野のカラスが三羽死に、破った当人は地獄《じごく》へ堕《お》ちるとされた。

なお、先に述べた東征伝説において、磐余彦尊が南へ迂回《うかい》して熊野から上陸したのは、黄泉国、常世国の信仰が熊野にあり、豊穣《ほうじょう》をもたらす常世神の来臨《らいりん》を磐余彦尊になぞらえたためともいわれる。

その伝説のなかで、熊野の八咫烏が天照大神の子孫の大和平定を手助けしたというのは、天照大神と熊野信仰とのつながりを示すものといえるだろう。

道案内の役目を終えた八咫烏は、熊野に戻ってきて石に姿を変えたと伝えられ、那智《なち》大社には「烏石《からすいし》」が残されている。

また、新年の初めには、那智大社の別宮である飛瀧《ひろう》神社において、牛玉宝印を刷り、邪気払《じゃきばら》いをする牛王神璽祭《ごおうしんじさい》が行なわれる。

八咫烏の先導による神武東征

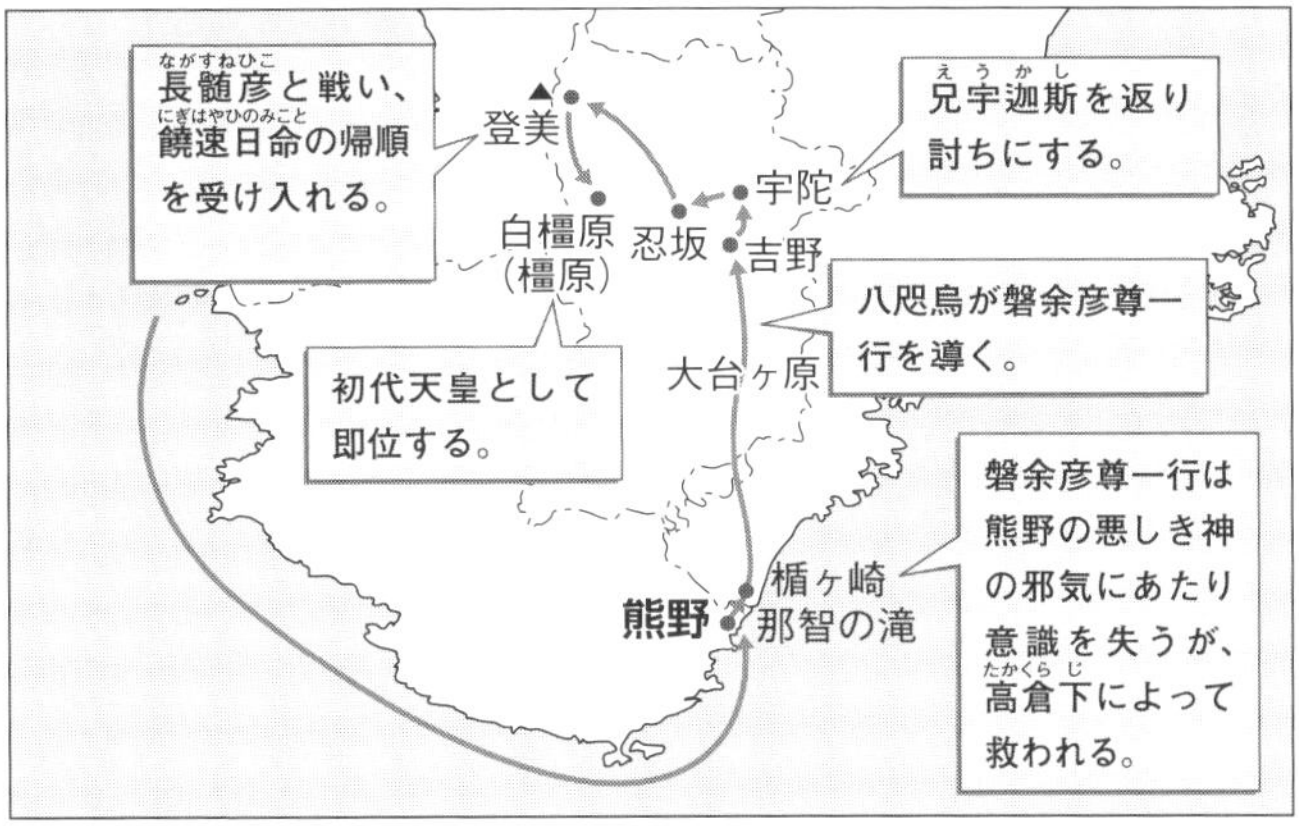

日本神話の神武東征において、カラスが神の使いとして登場し、神武天皇を吉野から大和へと導く重要な役割を果たす。

熊野本宮大社の八咫烏の御神旗

３本の足を持つ八咫烏。本来八咫烏が３本足という記述は日本の神話にはなく、中国に伝わる太陽に住む３本足のカラスの伝説が、天照大神の使者となった八咫烏伝説と結びついたことで、３本足のカラスが誕生したという説がある。

第一章
聖地・伊勢と霊場・熊野の誕生

伊勢の原信仰

天照大神が長い巡幸を経て伊勢に鎮座した理由とは

伊勢神宮が天照大神を祀っていることは広く知られているが、なぜ、天照大神は伊勢の地に鎮座したのだろうか。

◎各地を巡幸して伊勢に鎮座

伊勢神宮創建の経緯については『日本書紀』などに見られる。かつて宮殿では、天照大神とともに、大和の地主神《じぬしがみ》である大和大国魂《おおくにたま》を並べて祀っていたが、崇神《すじん》天皇の時代、二神を並べ奉《たてまつ》るのは畏《おそ》れ多いとして、皇女《こうじょ》の豊鍬入姫《とよすきいりひめ》に託して、天照大神を倭《やまと》の笠縫邑《かさぬいのむら》に遷《うつ》して祀った。

さらに垂仁《すいにん》天皇の時代、今度は皇女倭姫《やまとひめ》が、天照大神の鎮座にふさわしい地を探して、大和国宇陀《うだ》、近江《おうみ》、美濃《みの》などを巡幸《じゅんこう》した。そうして伊勢の五十鈴川《いすずがわ》に来たとき、天照大神が「この神風《かみかぜ》の伊勢の国は常世《とこよ》の浪の重浪《しきなみ》の帰《よ》せる国なり。傍国《かたくに》の可怜国《うましくに》なり。この国に居らむと思う」と神託《しんたく》を下した。そこで、この地に祠《ほこら》を建て、斎宮《さいくう》を設けたという。この斎宮は「磯宮《いそのみや》」とも呼ばれた。

平安時代初頭の『皇太神宮儀式帳《こうたいじんぐうぎしきちょう》』には、その経路がより詳細に記され、大和国三輪《みわ》の宮、

伊勢の太陽信仰

夫婦岩

夏至の太陽は、二見浦に浮かぶ夫婦岩の間を通って昇る。また、夫婦岩のさらに沖合には伊勢土着の太陽神ともいわれる猿田彦命が生まれたという岩が沈んでいる。

伊勢湾
二見興玉神社
丹後の元伊勢から見た冬至の日の出線。
勢田川
伊勢市駅
五十鈴川
豊受大神宮（外宮）
五十鈴川駅
夏至の日の出線
朝熊山
皇大神宮（内宮）
伊勢神宮の周辺には太陽の動きを計算したとしか考えられない形で、史跡が配置されている。

宇治橋

冬至の日には、伊勢神宮内宮にある宇治橋の大鳥居正面の真ん中から朝日が昇る。

宇太、伊賀《いが》、近江、美濃、桑名《くわな》、五十鈴川となっている。

ただし、伊勢神宮の場所については、度会郡《わたらいのこおり》の別宮のある滝原《たきはら》から五十鈴川上へと移行したとされる説もある。

土着の太陽信仰

『万葉集《まんようしゅう》』では「神風の伊勢の国は山も川も美しく、うまし国、御食《みけ》つ国」と詠《うた》われ、『皇太神宮儀式帳』には「朝日夕日が向かう国で災害がなく、平和で美しく、美味なものが豊富」という趣旨の国祝《くにほぎ》の歌がある。伊勢が鎮座地に選ばれた理由には、このような豊かで美しい風土がまず挙げられるだろう。

また、朝廷による東国《とうごく》経営において、要衝《ようしょう》の地として伊勢は重視されたという説もある。

さらに、在地の海人《あま》集団らによる太陽信仰との関わりに注目する見方もある。

伊勢には古くから土着《どちゃく》の太陽信仰があり、伊勢に属していた『伊賀国風土記』逸文《いつぶん》によると、伊勢国はもともと、太陽神の猿田彦命《さるたびこのみこと》が二十万年も治めていた地だという。

その猿田彦命の神体は、二見浦《ふたみがうら》に祀られているとされる。

この地名は、この地を通りがかった倭姫が、風景の美しさに何度も振り返り見たことに由来

こらむ

朝熊山と神仏習合

伊勢神宮の北東に位置する朝熊山《あさまやま》（標高555メートル）は、古代から山岳信仰の対象となっていた。山腹にある金剛證寺《こんごうしょうじ》は、6世紀中頃、欽明《きんめい》天皇の命により暁台《ぎょうだい》が創建し、天長2年（825）には空海《くうかい》が密教道場としたという。

神仏習合の進んだ平安時代後期には、度会《わたらい》氏、荒木田《あらきだ》氏など伊勢の神官による埋経が行なわれ、山頂付近に約40基の経塚が確認されている。

室町時代以降、金剛證寺は伊勢信仰と結び付き、伊勢神宮の鬼門《きもん》を守る山宮と見なされるようになる。「伊勢へ参らば朝熊を駆けよ、朝熊駆けねば片参り」と俗謡に歌われ、伊勢参りに併せて朝熊参りをすることが一般化した。

すると伝えられる。二見浦は和歌にもたびたび詠まれ、歌枕《うたまくら》となった。

猿田彦命の神体は二見浦の海中に祀られ、夫婦岩《めおといわ》がその鳥居《とりい》の役目を果たしているが、夏至《げし》の頃には、この夫婦岩の真ん中から注連縄《しめなわ》をくぐるようにして朝日が射し昇る。冬至《とうじ》の日には、今度は内宮《ないくう》の宇治橋《うじばし》の鳥居の正面から朝日が射し昇る。

この夏至と冬至の荘厳な太陽が、伊勢の太陽信仰の原像であり、猿田彦命の伝説へと昇華したのだろう。

大和の地から見て朝日が昇る方角にある、美しく豊かな土地に存在した太陽信仰。こうしたことが、天照大神の鎮座と結び付く要因になったのではないかと見られている。

第一章 聖地・伊勢と霊場・熊野の誕生

熊野三山

熊野本宮大社・熊野速玉大社・熊野那智大社の一体化

個別に成立した熊野三山

伊勢神宮が独立した神社として発展したのに対し、熊野では、熊野本宮大社《ほんぐうたいしゃ》、熊野速玉大社《はやたまたいしゃ》、熊野那智大社《なちたいしゃ》の三社が、発展の過程で一体化する形をとった。

熊野三社の起源については、いずれも明確ではないが、古代の自然信仰との関わりが見受けられる。本宮大社については、大斎原《おおゆのはら》の櫟《いちい》の木に神が三枚の月に姿を変えて降《くだ》ったという伝承から、大木を神の依代《よりしろ》に見立てたのではないかとする見方がある。速玉大社については、神倉《かみくら》山《やま》のゴトビキ岩を神体《しんたい》と見立てる古代信仰との関連が考えられる。那智大社については、那智の滝に対する原始信仰を起源にすると見られている。

三社のうち、最初に成立したと見られるのが本宮大社で、崇神天皇四十七年（紀元前五十一）創建という記録が見られる。祭神は熊野牟須美大神《ふすみのおおかみ》で、のちには熊野坐大神《いますのおおかみ》、家津美御子大《けつみみこのおお》神《かみ》とも称された。速玉大社については景行《けいこう》天皇五十八年（一二八）に新宮《しんぐう》を創建との記録があり、熊野速玉大神《はやたまのおおかみ》を祭神としている。速玉の名称は船玉《ふなだま》（船霊、航海の安全を願う神）に関連すると見られる。

この両社は熊野川で結ばれており、上流にある本宮大社から、下流の河口付近にある速玉大社に分霊されたと見る説もある。十一世紀頃から、本宮に対して速玉は「新宮」とも称されるようになった。

熊野の古代史年表

年　代	出　来　事
BC200年頃	この頃、徐福が仙薬を求めて熊野に渡来したとされる。
200年頃	この頃、熊野本宮社が創始されたとされる。
200～300年頃	この頃、熊野新宮社が創始されたとされる。
400～500年頃	この頃、熊野那智社が裸行上人により創始されたとされる。
和銅6年(713)	木ノ国が紀伊国となる。
養老4年(720)	『日本書紀』が編纂され、伊弉冉尊の埋葬伝説、神武東征伝説などが収録される。
神護景雲3年(769)	興福寺沙門の永興禅師が熊野村に住み、海辺の人々を教化する。
弘仁3年(812)	熊野別当に快慶が任ぜられる。
貞観元年(859)	熊野速玉神・熊野坐神、従五位上に進む。
貞観10年(868)	慶龍上人、補陀落渡海をしたとされる。
元慶3年(879)	聖宝、吉野より大峰を経て熊野に至る路を開いたとされる。
延長5年(927)	この頃、熊野速玉神社が大社に、熊野坐神社が名神大社に列せられる。

新宮が本宮より格上とされた時代

本宮、新宮という名称から見る限りでは、本宮が正統であるかのような印象も受けるが、平安時代の貞観《じょうがん》五年（八六三）には、新宮の熊野速玉大神は本宮の熊野坐大神より高い正二位《しょうにい》を授けられている。この状態は九四〇年まで続いたが、その後、本宮も格上げされ、両者は同格となった。この二社は、全国の神社を掲載した十世紀の『延喜式《えんぎしき》』にも名前が列記されていて、本宮と新宮は古くから別々の存在と見なされていたことがわかる。

もう一つの那智大社については、那智の滝に対する原始信仰に起源を求められるが、社殿の創建は仁徳《にんとく》天皇期と見られ、熊野牟須美大神を勧請《かんじょう》する形で成立したともいわれる。ただし、文献上では平安中期までその名が見受けられず、那智の名が登場するのは、『扶桑略記《ふそうりゃっき》』に、永保《えいほ》二年（一〇八二）、熊野の人々が新宮・那智の神輿《みこし》を担いで上洛《じょうらく》したと記されている記事が最初といわれる。

このように、元は個別の信仰として成立した三社だが、地理的に近いうえ、天台修験道《てんだいしゅげんどう》の発達や神仏習合《しんぶつしゅうごう》の進展などもあり、三社を統合する動きが見られるようになり、やがて、それぞれの祭神《さいじん》を相互に祀り合うようになった。こうして、十一世紀後半までには三社は一体化し、熊野三山と総称されるに至り、熊野信仰の総本山が成立した。

熊野三山の成立

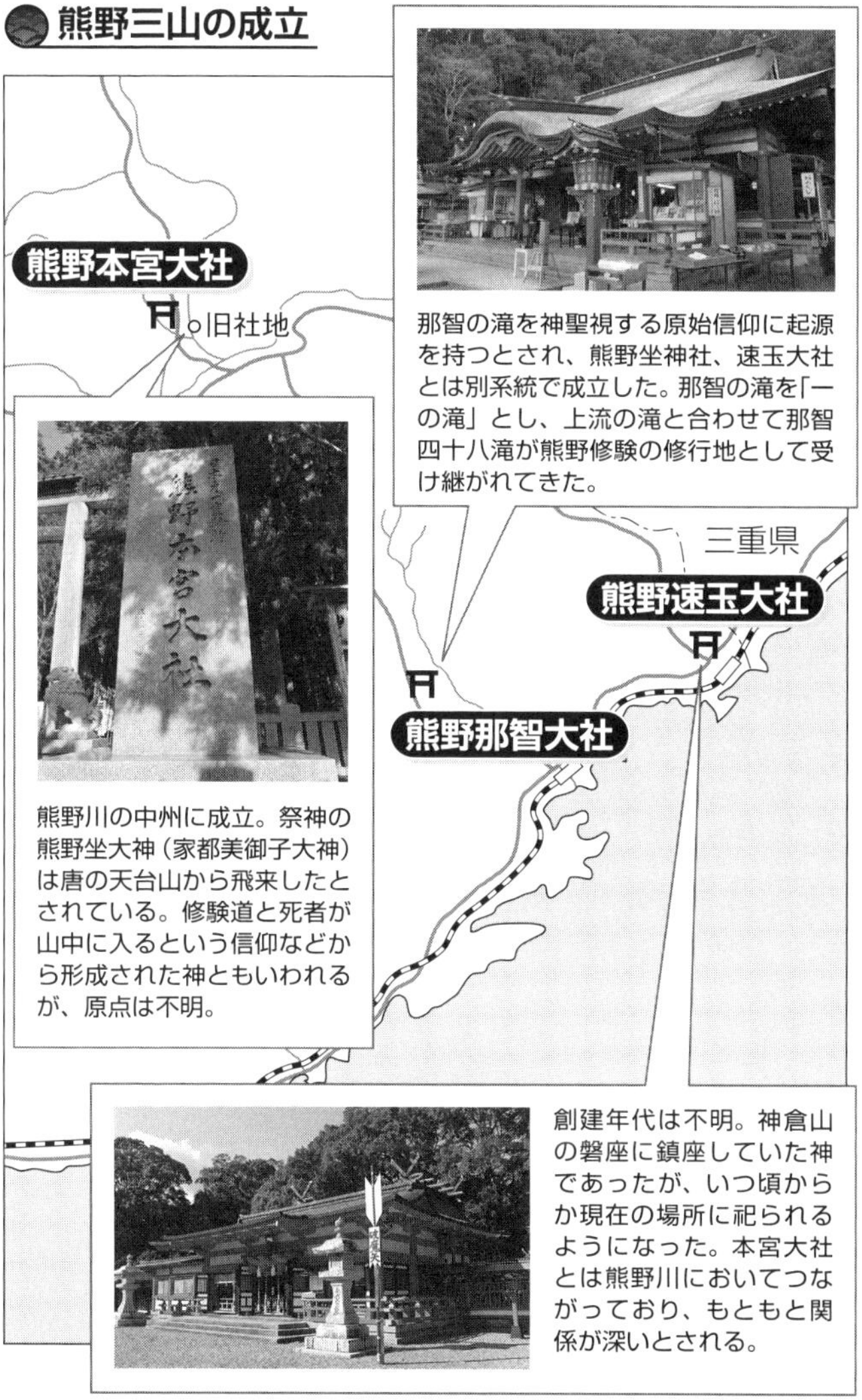
那智の滝を神聖視する原始信仰に起源を持つとされ、熊野坐神社、速玉大社とは別系統で成立した。那智の滝を「一の滝」とし、上流の滝と合わせて那智四十八滝が熊野修験の修行地として受け継がれてきた。
熊野本宮大社
旧社地
熊野川の中州に成立。祭神の熊野坐大神（家都美御子大神）は唐の天台山から飛来したとされている。修験道と死者が山中に入るという信仰などから形成された神ともいわれるが、原点は不明。
三重県
熊野速玉大社
熊野那智大社
創建年代は不明。神倉山の磐座に鎮座していた神であったが、いつ頃からか現在の場所に祀られるようになった。本宮大社とは熊野川においてつながっており、もともと関係が深いとされる。

現在「熊野三山」として総称される熊野坐神社（本宮）、熊野速玉大社（新宮）、熊野那智大社であるが、もともとは別々の起源を持つとされる。

徐福伝説

熊野の地と結びついた不老長寿の神仙思想

不老不死の薬を求めた徐福

熊野三山の信仰で知られる熊野だが、じつは中国の神仙《しんせん》思想とも関わりがあるという。神仙思想とは、不老不死を得た者が東方の蓬莱《ほうらい》に住むという信仰で、この信仰に関係の深いことで知られる方士《ほうし》、徐福《じょふく》の伝説が熊野と結び付く。

今から約二千二百年前、徐福は秦《しん》の始皇帝《しこうてい》の命を受け、不老不死の薬を求めて蓬莱の国に船出した。

しかし、始皇帝に不老不死の薬を献じることはかなわず、広い平野の地を得て、そこの王となって暮らしたという伝承が、のちの司馬遷《しばせん》の書『史記《しき》』に記されている。

その徐福が赴《おもむ》いた地とされるのが日本である。佐賀市や山梨県富士宮市、伊豆諸島の八丈島など、徐福上陸伝説の残されている場所が、日本の各地に二十カ所以上ある。

多くの技術者を率いていた徐福は、上陸した地で農耕、養蚕《ようさん》、造船、医薬、製紙、製鉄、捕鯨《ほげい》などさまざまな技術を伝えたといわれ、いずれの伝承地においても、文明と福をもたらす

徐福の墓

和歌山県新宮市は徐福の渡来地のひとつともされ、徐福の墓が伝わっている。

異国の神様として徐福を迎え入れ、祀ったという。

そのなかでも熊野は、有力な上陸地とされている。

熊野にはもともと、黒潮《くろしお》に乗って漂着する者が多かったことから、漂着神《ひょうちゃくしん》の信仰が数多く分布しており、徐福伝承を受け入れる素地が整っていた。

徐福は現在の阿須賀《あすか》神社付近に上陸し、その近くの蓬萊山で薬草を探し、地元の人々に農業や捕鯨、製紙の技術などを授けたと伝えられ、捕鯨で知られる秦氏《はたうじ》は、その子孫と伝えられる。

新宮市の徐福町には徐福と重臣らの墓があり、熊野市の波田須《はだす》町からは秦の通貨である半両《はんりょう》銭《せん》が発掘されたほか、徐福が伝来したという秦のすり鉢の神宝なども伝えられている。

日本の田道間守伝説

一方、日本にも不老不死を求める神話がいくつか残されているが、最もよく知られた存在が、垂仁天皇の時代の田道間守《たじまもり》だろう。

田道間守は、天皇の命を受けて不老不死の非時香菓《ときじくのかくのきのみ》を探しに常世国に出向いた。苦労の末、田道間守はこれを携えて帰郷したが、この時すでに天皇は亡くなっており、陵《みささぎ》の前で慟哭《どうこく》して果てたという。

この田道間守神話をはじめ、丹後国《たんごのくに》の若者が不老不死の島を訪れたという、浦島太郎《うらしまたろう》のお伽《とぎ》話の原型にあたる「浦嶋子《うらのしまこ》」伝説など、日本の神話には徐福伝説や神仙思想の影響を受けたものが少なくない。ただし、日本の不老不死神話の場合、神仙のいる蓬莱を常世国と同一視した点に特徴がある。常世国は海の彼方にある不老不死の国とされ、そこから豊穣《ほうじょう》の神が来臨《らいりん》すると考えられていたが、異国から多くの技術を携えてやって来た徐福は、まさにこの豊穣の神と見なされたのだろう。古来より熊野を常世国と見なす信仰があったことが、熊野に徐福上陸伝説が生まれる大きな要因になったと見られる。

徐福の渡来伝承地

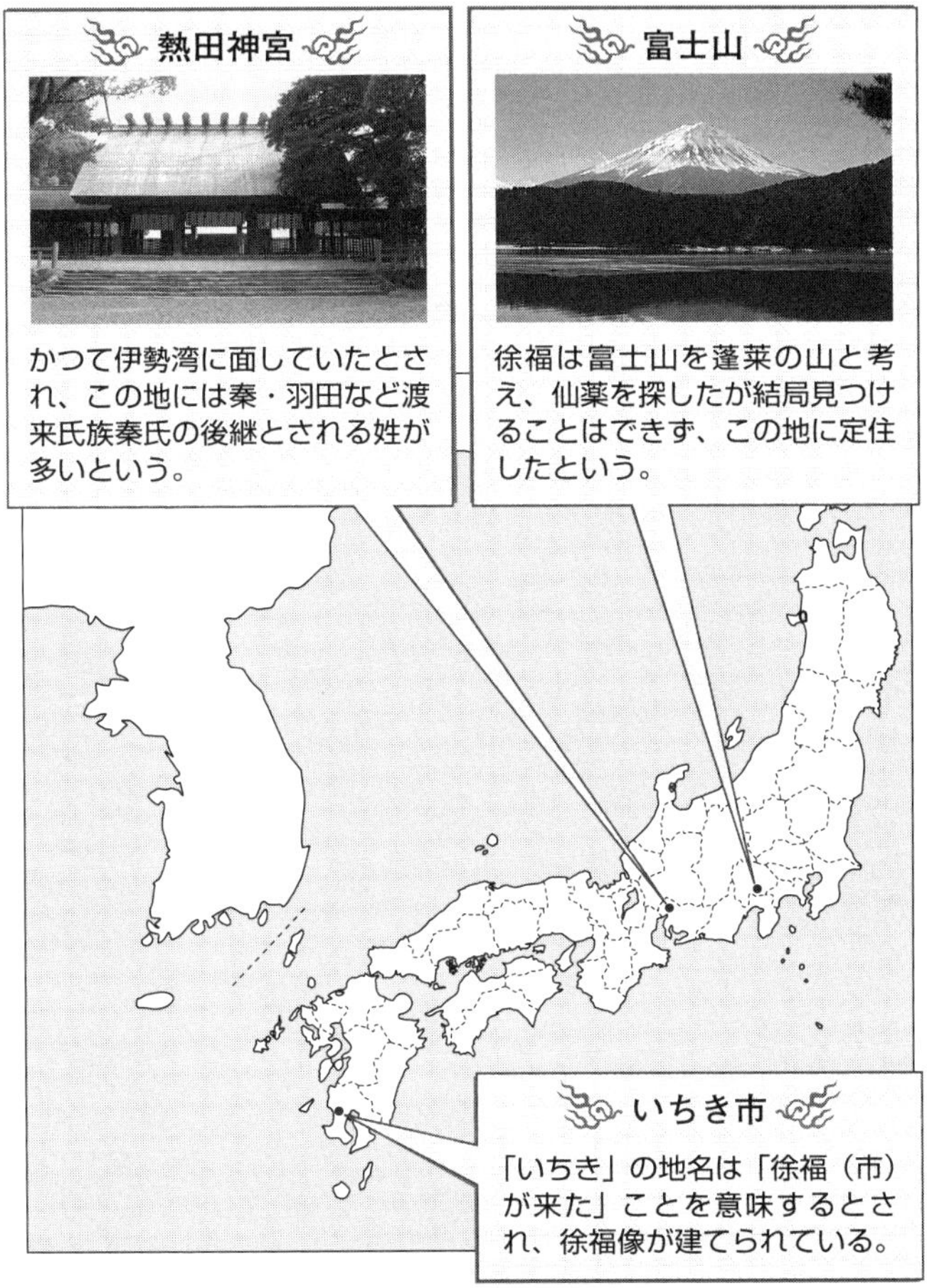
熱田神宮
かつて伊勢湾に面していたとされ、この地には秦・羽田など渡来氏族秦氏の後継とされる姓が多いという。
富士山
徐福は富士山を蓬莱の山と考え、仙薬を探したが結局見つけることはできず、この地に定住したという。
いちき市
「いちき」の地名は「徐福（市）が来た」ことを意味するとされ、徐福像が建てられている。

始皇帝の命を受けて、不老不死の仙薬を求めて海を渡ったという徐福の渡来伝説は、和歌山県新宮市のみならず、日本各地に伝わっている。

第一章 聖地・伊勢と霊場・熊野の誕生

大馬神社

熊野権現の仏と伊勢大神宮の神を祀る神社

熊野権現、伊勢大神宮を祀る神社

紀伊地方の神社には、熊野と伊勢、両信仰の影響を受けているという例もある。

熊野市の大馬川《おおまがわ》上流にある大馬神社は、その立地ゆえか、さまざまな信仰が混交した跡がうかがえる。

『紀伊続風土記《きいしょくふどき》』によると、大馬神社の本社は大馬権現《たいまごんげん》で、後世になり、熊野権現、伊勢大神宮、八幡宮《はちまんぐう》を合祀《ごうし》して四社権現としたという。

大馬権現は大麻《たいま》権現とも称され、四国の大麻神社と同じく、かつての祭神は天日鷲命《あめのひわしのみこと》だったと推測されている。

このように、熊野権現の仏と伊勢大神宮の神とを合祀《ごうし》している。これは、この地が仏の熊野と神の伊勢という信仰圏の境にあたり、両者が重層していたことを示すものといえる。神仏分《しんぶつぶん》離《り》された熊野、伊勢の両信仰が混交した稀有《けう》な神社といえる。

現在の祭神は多彩で、『三重県神社誌』には天照大神《あまてらすおおみかみ》、天児屋根命《あめのこやねのみこと》、誉田別命《ほんだわけのみこと》、大山《おおやま》

信仰の交差点・大馬神社

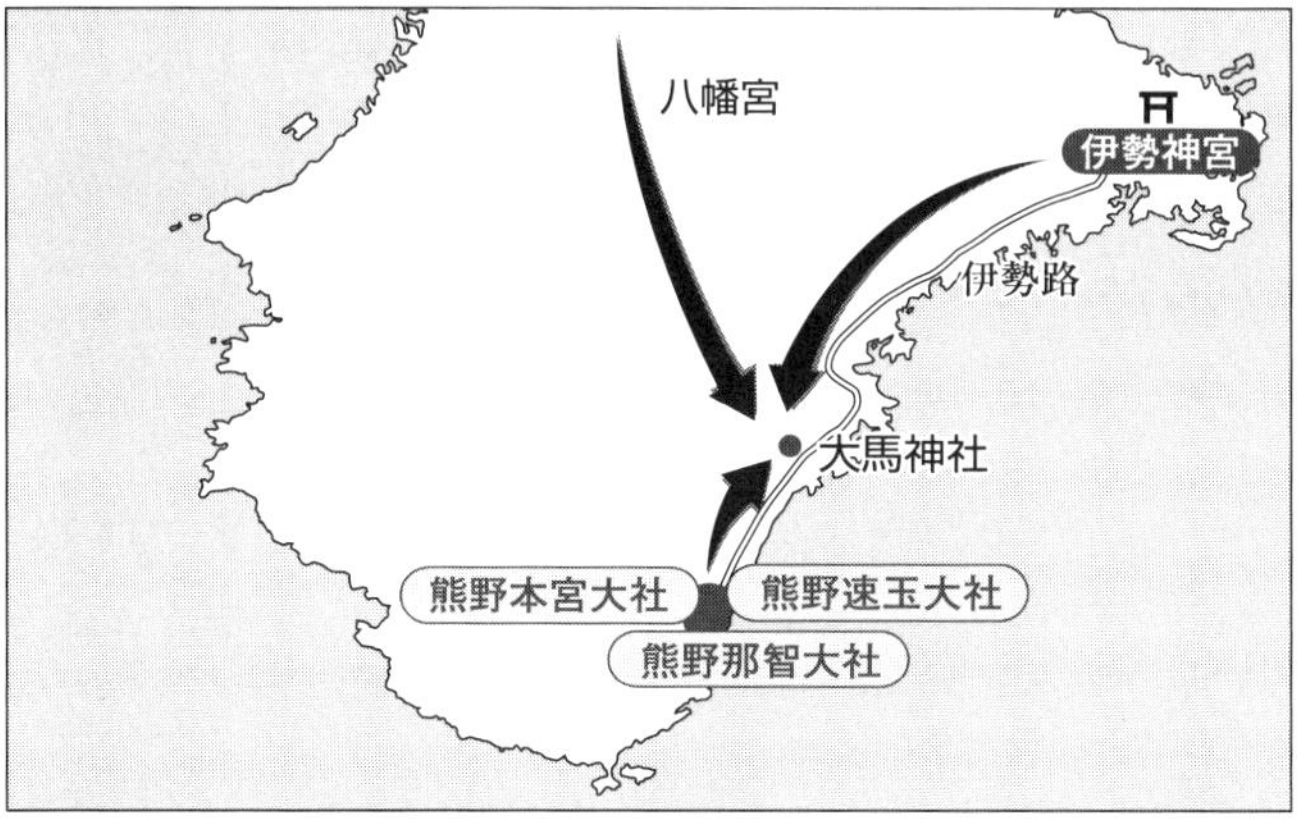

伊勢路のなかほどに鎮座する大馬神社には、かつて大馬権現、熊野権現、伊勢大神宮、八幡宮を合祀し、四社権現を称しており、その立地からさまざまな信仰が混交した跡が見られる。

祇命《つみのみこと》、神武《じんむ》天皇、仁徳《にんとく》天皇の六神が挙げられている。

その創建時期は不明だが、平安時代にはすでに祀られていたという。当社の縁起《えんぎ》によれば、九世紀頃、坂上田村麻呂《さかのうえのたむらまろ》が討ち取った海賊、多娥丸《たがまる》の首を地中に埋め、その上に社殿を建てたのが創始という。

その後、ある僧侶が参詣しようとしたところ、田村麻呂の霊が現われ、道案内したという。その霊が大きな馬に乗っていたことから大馬神社と称されるようになったという伝承も残されている。

なお、井戸川下流にある獅子岩《ししいわ》と、その南の人面岩が狛犬《こまいぬ》に見立てられているため、当社には狛犬がない。

五十鈴川と熊野川

すべてを清める二つの「聖なる川」

全てを清める聖なる川

伊勢・熊野はともに「川」と関わりが深い地域でもある。伊勢の五十鈴川は、剣峠《つるぎとうげ》に源を発し、伊勢市のほぼ中央を北から南に流れ、伊勢神宮の西側を通り、伊勢湾へと流れ込む。古くは伊鈴川とも記され、また、倭姫がこの川で裳《も》の裾《すそ》を濯《すす》いだという伝承から、御裳濯川《みもすそがわ》とも呼ばれた。

かつては、この川の水で、天照大神にお供えする料理を洗い清めていた。

いわば五十鈴川は、神々に奉仕するための禊《みそぎ》が行なわれる清冽な場であり、現在でも、手を清め、口をすすぐための御手洗場《みたらしば》が設けられている。

五十鈴川の源には、社殿の用材に用いる樹林が育まれた山々があり、川はその輸送路としても使われていた。

しかし何より、この川の重要な役割は、日常の世界と神聖な世界とを隔てる境界であったことだろう。

五十鈴川の御手洗場

かつて伊勢神宮に詣でる際には、五十鈴川で禊が行なわれていた。また熊野本宮は、かつては音無川と岩田川が合流する中洲に鎮座しており、川を渡って参詣していた。

川を越えて中へ踏み入れば、そこは聖域。五十鈴川が俗と聖を分けていたのである。現在では、宇治橋《うじばし》が聖域への入口、架け橋と見なされている。

一方、熊野本宮は、一八八九年（明治二十二）の大洪水で流失するまでは、現在地より下流の、熊野川、音無川《おとなしがわ》、岩田川《いわたがわ》が合流する、大斎原《おおゆのはら》と呼ばれる中洲《なかす》に鎮座《ちんざ》していた。参詣のための橋は架けられておらず、濡れながら川を渡ることが最後の水垢離《みずごり》となっていた。

本宮の祭神は、古代には牟須美《むすび》と呼ばれていた。牟須美とは万物を生産する霊力を意味し、川の中州に鎮座していたことを考えれば、生命を育む水、すなわち熊野川そのものに対する信仰があったとも考えられる。

こらむ 参詣伝説②

松尾芭蕉と伊勢

伊勢の地は、俳祖《はいそ》とあおがれる、伊勢神宮の禰宜荒木田守《ねぎあらきだもり》武《たけ》を輩出した地である。そのため江戸初期には神宮の間で俳《はい》諧《かい》が流行していた。

江戸時代の俳人、松尾芭蕉《まつおばしょう》もそんな伊勢と関わりが深く、この地により俳句を広めたいと、門人の支考《しこう》を伊勢に赴《おもむ》かせた。その俳諧はのちに伊勢風と呼ばれるようになる。

芭蕉自身も生涯伊勢神宮に６回参詣したといわれ、うち３回は『野ざらし紀行』『笈《おい》の小文《こぶみ》』『おくのほそ道』に関わる旅として記録に残している。

『野ざらし紀行』は貞享《じょうきょう》元年（1684）から翌年にかけて、出身地の伊賀《いが》、美濃《みの》や尾張《おわり》まで旅した俳諧の紀行文。『笈の小文』は４年後に江戸から伊賀、東海・関西を旅した俳諧の紀行文で、それぞれ伊勢参宮を果たした。

『おくのほそ道』は、奥州行脚《おうしゅうあんぎゃ》の旅をまとめたもので、折しも伊勢遷宮《せんぐう》の時期であったため、伊勢を拝むべく大垣《おおがき》から出立するところで終る。内宮《ないくう》には間に合わず、外宮《げくう》に参詣して「たふとさに皆押し合ひぬ御遷宮」と詠《よ》むが、これが最後の参宮になった。

芭蕉はその後、伊勢参宮を実現できないままこの世を去る。

なお、芭蕉は、道中で寺に泊めてもらいやすいなどの理由から僧侶の姿で旅をしていた。

そのため伊勢神宮では本殿近くの僧尼遥拝所《そうにようはいじょ》からの参拝しか許されず、神宮の入口で参詣を足止めされたこともあったという。

第二章

伊勢参りと熊野詣での盛衰

熊野権現

垂迹思想のもとに結集した熊野の三社

熊野三所権現として成立

それぞれ自然崇拝に根ざし、異なる起源を持ち発展してきた熊野《くまの》の三社は、十一世紀頃に、相互にそれぞれの神を祀《まつ》り合う形で結集し、熊野三山《さんざん》として信仰されるようになる。三山は主神が異なるだけで、王子《おうじ》や眷属神《けんぞくしん》を加えて同じ十二所を祀る（那智大社《なちたいしゃ》のみ滝宮《たきみや》を加えて十三神）。本宮《ほんぐう》は家津美御子大神《けつみみこのおおかみ》、新宮《しんぐう》は速玉大神《はやたまのおおかみ》、那智は熊野夫須美大神《ふすびのおおかみ》を主神としていたが、やがて、それぞれ別殿に他の二神を祀る形で同じ三神を祀るようになり、三山の一体化が進んでいった。その過程で、社殿構成についても本宮の様式に統一されていったようで、現在はほぼ同じ構成となっている。

また、神は仏の化身《けしん》であると見なす垂迹《すいじゃく》思想によって、本宮には阿弥陀如来《あみだにょらい》、新宮には薬《やく》師《し》如来、那智には千手観音《せんじゅかんのん》と、それぞれ本地仏《ほんじぶつ》が配され、三所権現《さんしょごんげん》が成立した。

三所権現の成立により、さらに霊威が高まり、相互入山も活発化するなど、三山の結束は強化されていった。

熊野三山を管理する組織も整備された。三山の統括者として頂点に立つのが熊野三山検校《けんぎょう》で、その下に熊野別当《べっとう》が置かれた。さらに、本宮には三綱《さんごう》や執行《しゅうぎょう》、在庁《ざいちょう》、政所《まんどころ》などが置かれ、下級僧侶、衆徒《しゅと》、禰宜《ねぎ》、長床衆《ながとこしゅう》などの山伏《やまぶし》を従えていた。新宮には在庁、禰宜、宮主《みやじ》などが置かれた。那智は東座《ひがしざ》と西座《にしざ》に分かれ、執行などが置かれた。

熊野三山の運営組織

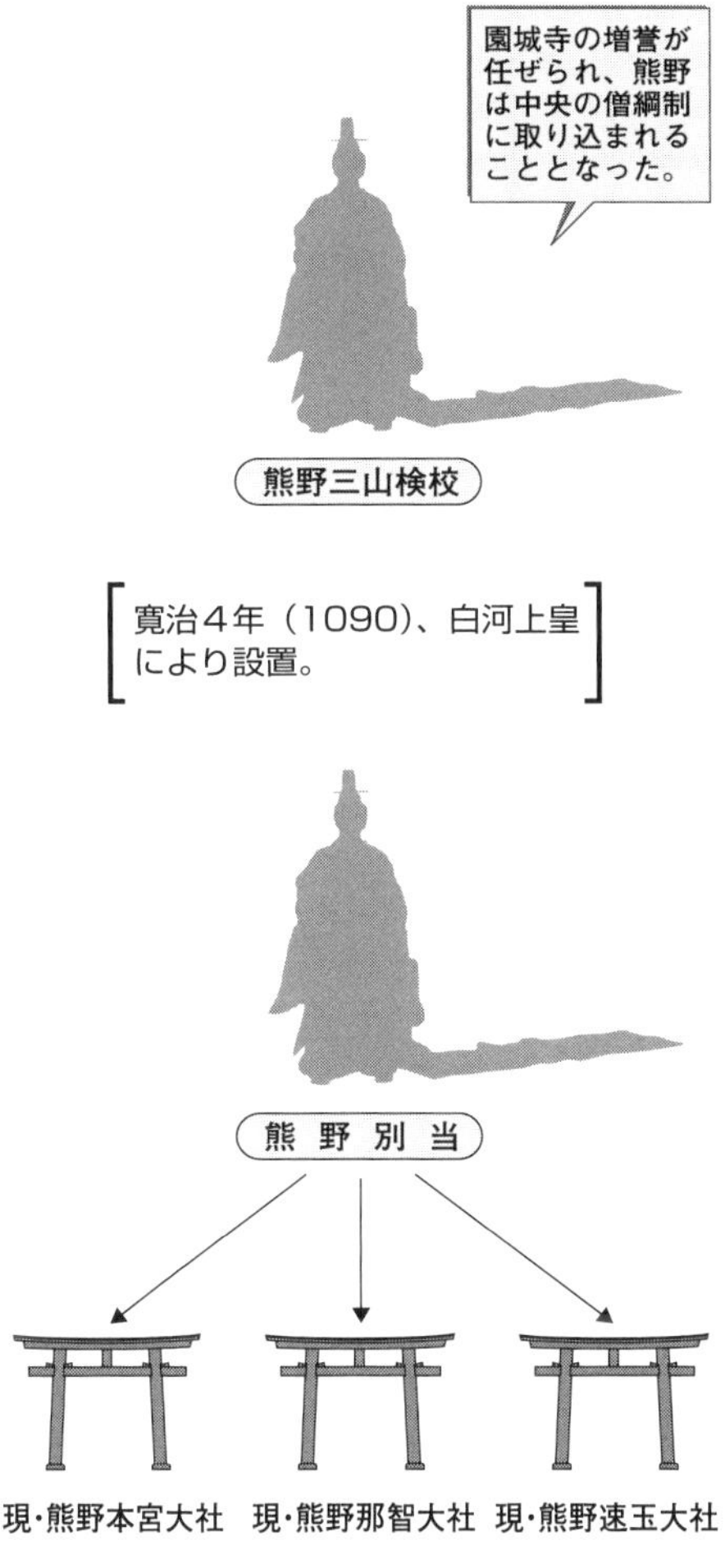
園城寺の増誉が任ぜられ、熊野は中央の僧綱制に取り込まれることとなった。
熊野三山検校
寛治４年（1090）、白河上皇により設置。
熊野別当
現・熊野本宮大社
現・熊野那智大社
現・熊野速玉大社

寛治４年（1090）、白河上皇の熊野御幸に際し、それまで熊野三山を管理してきた熊野別当の上に三山検校が置かれ、管理体制が固まった。

●熊野三山の縁起

熊野三山の一体化に伴って、その信仰を説く試みも進められたようだ。三山としての本宮と新宮の縁起《えんぎ》を説いた最古の文献が、十一世紀頃に成立した『熊野権現御垂迹縁起《くまのごんげんごすいじゃくえんぎ》』である。原本は残っていないが、のちにこれを引用した『長寛勘文《ちょうかんかんもん》』などから、その内容を知ることができる。

唐《とう》の天台山《てんだいさん》の地主神《じぬしがみ》である王子信《おうじしん》が、天台山を出発して九州の彦山《ひこさん》、四国の石鎚山《いしづちさん》、淡路《あわじ》の諭鶴羽山《ゆづるはさん》、紀伊《きい》の無漏切目《むろのきりめ》、熊野の神倉《かみくら》、新宮の阿須賀社《あすかしゃ》の北石淵《きたいしぶち》へと降り立ち、そこで家津美御子と夫須美速玉と称した。

家津美御子はさらに、本宮の大斎原《おおゆのはら》の櫟《いちい》の木に三枚の月となって降臨した。そこへ、熊野部《くまのべの》千与定《ちよさだ》という猟師がやって来て、木の先端にある月を発見、それが熊野三所権現であることを知り、社殿を建てて祀ったという。

中国から日本に飛び立った神が、九州から四国や淡路島を経て、最後に熊野にとどまり、新宮から本宮に降臨したとき、その名が明らかにされたという内容である。

那智については、神武《じんむ》天皇が導かれて降り立ったという縁起が別にあり、この縁起には神名が見られないが、熊野三所権現と記されている。

熊野三山と本地仏

平安期、神仏習合が進むと、熊野三山の神々にはそれぞれ本地仏が当てられるようになった。

第二章 伊勢参りと熊野詣での盛衰

海の修験

妙法山で行なわれた永興禅師の過酷な捨身行

捨身行も辞さない初期熊野修験

古代の熊野は、いわゆる熊野三山が成立する以前、すでに修験《しゅげん》の行場《ぎょうば》としても開かれていた。奈良時代末期には、熊野の海辺より上流に至る地域や、金峯山《きんぶさん》から大峯山《おおみねやま》へと続く地域に行場が開かれており、平安時代になると、そこから熊野に通じる行場も開かれたと見られている。

その修行の実態については、『日本霊異記《にほんりょういき》』に、奈良時代の称徳《しょうとく》天皇期、紀伊の熊野村に住んでいた永興禅師《えいこうぜんじ》にまつわる話が収録されている。永興禅師は実在の人物で、摂津国《せっつのくに》に生まれ、興福寺《こうふくじ》の僧となり、東大寺別当《とうだいじべっとう》にも任じられた。永興禅師は若い頃、熊野で山岳修行を行なって呪力《じゅりょく》を得て、熊野の海辺で人々を看病しながら布教にあたっていた。熊野が都の南方に位置することから南菩薩《みなみぼさつ》と称せられたという。その永興禅師のもとを、ある禅師が訪れた。禅師は山に入り一年間修行したのち、伊勢国《いせのくに》へ向かうと告げて去って行った。これは、紀伊半島の海岸沿いを東へ進む辺路《へじ》修行に出ることを意味していた。

三年後、熊野の川上の山で『法華経《ほけきょう》』を読む声がずっと聞こえていると村人から知らせを

永興禅師のもとに滞在したある禅師の物語

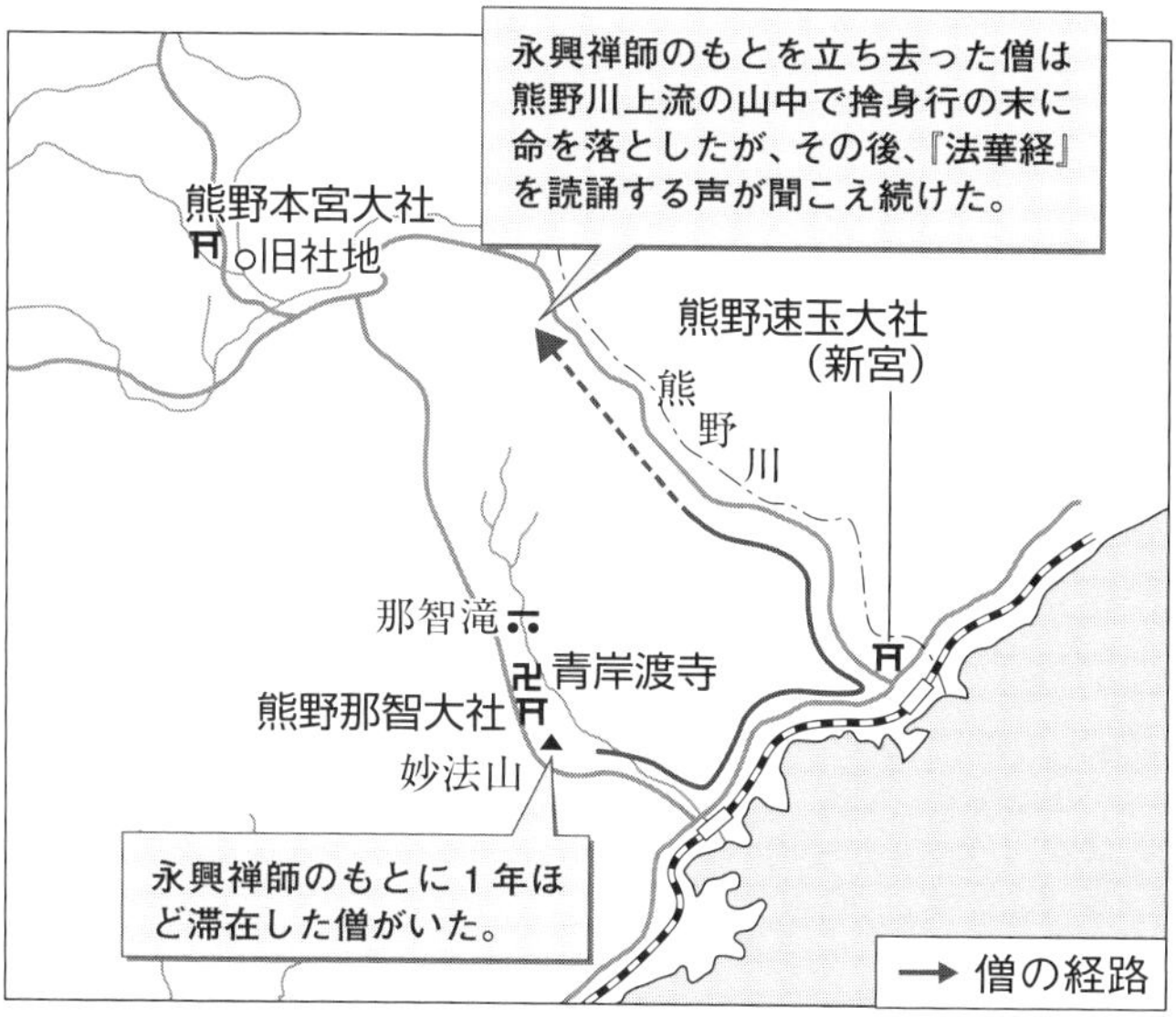

『法華経』関連年表

紀元前 150〜紀元前 50 年頃	この頃インドにおいて成立か？　以後ユーラシア大陸に流布し、チベット語訳、ウイグル語訳、西夏語訳、モンゴル語訳、満洲語訳、朝鮮語（諺文）訳などがつくられる。
推古 14 年（606）	聖徳太子が『法華経』を講じたとの記事が『日本書紀』にみえる。
推古 23 年（615）	聖徳太子が『法華経』の注釈書『法華経義疏』を著す。
天平 6 年（734）	『最勝王経』か、『法華経』を暗誦できない者は出家者として公認されないという法令が定められる。
天平 13 年（741）	国分寺建立の詔が出された際、光明皇后は、全国に「法華滅罪之寺」を建て、これを「国分尼寺」と呼んで『法華経』を信奉した。
天平 18 年（746）	東大寺法華会が行なわれる。
10〜12 世紀	『平家納経』をはじめ、『法華経』の装飾経が作成される。
13 世紀	『法華経』を「仏教の最高経典」｛正法（妙法）｝とする日蓮が法華宗（日蓮宗）を開く。

受けた永興禅師がその場所に行くと、かの禅師が麻縄《あさなわ》を足につなぎ、断崖から身を投げて死んでいた。それからさらに三年が経っても、まだ経を唱《とな》える声が続いていたという。

この禅師は、断崖の岩から身を投げる捨身行《しゃしんぎょう》を行なったのである。これはのちの「投身《とうしん》」「入水《じゅすい》」などと同様、命と引き換えに浄土《じょうど》への転生《てんしょう》を願うという究極の苦行《くぎょう》だった。

永興禅師は初期修験道の草分けといわれ、海の修験の頭《かしら》と目されていた。彼のもとには辺路修行を行なう修験者が多く集まっていたが、その本拠地は、那智の妙法山《みょうほんざん》だったと推測されている。妙法山は『法華経』修行の本拠であり、薬王《やくおう》菩薩にならい焼身自殺した修行僧の伝承があるなど、厳しい修行の実践者が集まる場所として知られていた。

海上他界《かいじょうたかい》の常世国《とこよのくに》信仰を持つ熊野の那智は、海の修験の聖地とも見なされていた。それが、のちの「補陀落渡海《ふだらくとかい》」という入水往生《おうじょう》へとつながることになる。

新宮の海の修験

熊野三山のなかでは、那智で最初に修験道が成立したと見られているが、新宮にも海の修験が存在していたことが知られている。

阿須賀《あすか》神社には常世を拝する王子が残されており、古くは海洋宗教の聖地であったと見られている。この周辺は、海の修験である阿須賀修験の本拠とされていたという。さらに、熊野権現が天下ったとの伝承がある新宮の神倉《かみくら》神社周辺にも、多くの修験者が集まっていたと見られる。

熊野三山の信仰が急速に広まった背景として、熊野が古くから修験道の行場として崇敬《すうけい》されていた聖地であったことが挙げられるだろう。

修験道の歴史年表

7世紀頃	役行者により、金峯山寺など多くの修験道の道場が開かれたとされる。
8世紀	道鏡が葛城山に篭り、苦修練行の末に密教的宿曜秘法を習得したとされる。
平安初期	山岳信仰と密教が結び付き、信仰が始まる。
延暦10年(791)頃	空海が金峯山で修行したと伝わる。
平安時代	三輪流修験神道、両部修験神道が成立する。
鎌倉時代	真言宗系の当山派と、天台宗系の本山派に分裂する。
南北朝時代	多くの修験者が吉野の南朝に協力する。
慶長18年(1613)	江戸幕府が修験道法度を定め、当山派か本山派のどちらかに属さねばならないとした。
明治5年(1872)	神仏分離政策により修験禁止令が出される。

役行者によって開かれた修験道は、中世に天台宗系の本山派と真言宗系の当山派に分かれ、これが二代宗派となった。

第二章 伊勢参りと熊野詣での盛衰

古代の伊勢と熊野

伊勢神宮の整備と式年遷宮の立制

国家の最高神へ

飛鳥《あすか》、奈良時代の伊勢と熊野はどのような歴史をたどっていたのだろうか。

飛鳥時代の七世紀には、用明《ようめい》天皇の皇女酢香手姫《すかてひめ》が伊勢神宮《じんぐう》に仕えており、朝廷が伊勢を崇《あが》めていたのは間違いない。ただし、朝廷が神宮の整備に本格的に着手するのは、六四五年の大《たい》化《か》の改新《かいしん》以後となる。天皇を中心とした中央集権体制を推進する朝廷は、祭祀制度の確立に向けて孝徳《こうとく》天皇の時代に度会《わたらい》と多気《たき》に屯倉《みやけ》を設け、伊勢神宮の政務を処理する神庤司《かむたちのつかさ》（のちの大神宮司《だいじんぐうじ》）を設置している。

「先《ま》づ以《もっ》て神祇《じんぎ》を祭鎮《まつりしず》めて、然《しか》して後《のち》に應《けい》に政事《まつりごと》を議《はか》るべしと」の方針のもと、諸制度を整備していった。

その伊勢神宮の地位を確立させたのは天武《てんむ》天皇である。六七二年の壬申《じんしん》の乱の際、大海人皇《おおあまのおう》子《じ》（のちの天武天皇）は、伊勢神宮を遥拝《ようはい》して戦勝祈願を行なった。

この政変に勝利した天武天皇、そして次の持統《じとう》天皇は、伊勢神宮を特別視していく。大来皇《おおくのひめ》

豊受大神を祀る外宮

伊勢神宮外宮の宮司を務める度会氏は、熊野の海人の末裔という説がある。

女《みこ》が斎王《さいおう》に任命されたほか、十市皇女《とおちのひめみこ》、多紀皇女《たきのひめみこ》ら多くの皇族女性たちも参詣《さんけい》している。こうして斎王制度を復活させ、持統天皇も第一回の式年遷宮《しきねんせんぐう》を行なうなど諸制度を整備し、神宮の地位を高めた。六九二年には、天皇として初めて伊勢に巡幸《じゅんこう》している（神宮参詣の記録はない）。

奈良時代になると、伊勢神宮の地位がさらに上昇する。

中期以降、伊勢大神宮と「大」を付けて呼ぶ慣習が定着し、斎王制度も整備された。聖武《しょうむ》天皇が各地行幸《ぎょうこう》の際に最初に伊勢に向かったのも、当時、伊勢が重視されていたことを示している。

八世紀になると、伊勢にだけ神宮の呼称を用い、ほかは社または神社に統一し、国家神としての地位が確立された。天皇のみが奉幣《ほうへい》を許されるという最高神になったのである。

熊野から伊勢に移住した海人

一方、飛鳥、奈良時代の熊野は、田辺《たなべ》市から奥一帯の熊野川流域を中心に、熊野直《くまののあたい》や海人《あま》集団の在地勢力が中心となっていたと見られる。

海人は漁撈《ぎょろう》に加え、造船や海上輸送にも携わっていた。持統天皇が伊勢に行幸した際、志摩《しま》の阿胡行宮《あごのかりみや》（英虞湾《あごわん》付近にあったと推定）において牟婁《むろ》の海人が海産物を献じたとあり、熊野の海人が志摩にまで進出していたことがわかる。

一方で、伊勢の度会氏の祖先は熊野から伊勢の磯部《いそべ》に移住した海人と伝えられる。磯部から北上した勢力が祀った伊勢の土着神が伊勢神宮の原点ともいわれ、伊勢と熊野信仰のつながりが垣間見える。

熊野は六五八年、孝徳天皇の子、有間皇子《ありまのみこ》の謀反《むほん》事件の舞台となった。

皇子は牟婁津を押さえ、船団で淡路《あわじ》との交通を遮断しようと図ったとされるが、実行前に捕らえられた。

有間皇子の変と熊野

熊野の海人の活動地
難波宮
淀川
大和
河内
飛鳥
和泉
吉野川
紀ノ川
藤代坂（海南市）
紀伊
日高川
岩代（みなべ町）
白浜温泉（白浜町）
熊野川
潮岬
有間皇子の作戦計画
『日本書紀』一書によれば、有間皇子は、500 の兵を動員し、牟婁津において官軍を迎撃後、水軍で淡路国への経路を断てば計画は成りやすいと言ったとされる。

斉明天皇４年（658）に起こった有間皇子の変は、御坊市を本拠地としていた者が連座して処刑されるなど、熊野の勢力が深くかかわっていたともいわれる。

平安貴族

斎王による伊勢参詣と浄土教の聖地となった熊野

斎王が派遣されて奉仕

伊勢神宮が国家神として重視され諸制度が確立されて以降も、天皇自らが参詣することはなく、皇女や王女が斎王として伊勢へ赴《おもむ》いたほか、定期や臨時の勅使《ちょくし》が派遣された。斎王とは神宮に奉仕する巫女《ふじょ》のことで、垂仁《すいにん》天皇の皇女倭姫《やまとひめ》を起源とする。天武天皇の大来皇女以降、断続的かつ集中的に派遣され、南北朝時代の後醍醐《ごだいご》天皇期まで続けられた。

斎王は、内裏《だいり》で一年、都の郊外にある野宮《ののみや》で一年潔斎《けっさい》したのち、数百人の従者を従えて伊勢へと旅立った。京から伊勢への道のりは、平安時代初期までは伊賀《いが》越えだったが、仁和《にんな》二年（八八六）以降は鈴鹿《すずか》越えに変わったという。伊勢では神宮から二十キロメートル離れた多気の斎《さい》宮《くう》に居住し、祭祀の際には神宮に赴き、奉仕した。平安時代の『源氏物語《げんじものがたり》』などでも、斎王は高貴で神秘的な存在として登場している。

一方、代々の天皇は毎朝、伊勢神宮を遥拝し、神宮の神嘗祭《かんなめさい》には伊勢例幣使《れいへいし》を、国家や神宮の大事に際しては臨時の奉幣使《ほうへいし》を遣《つか》わした。臨時の奉幣使は百二十回前後におよんだという。

斎王の旅

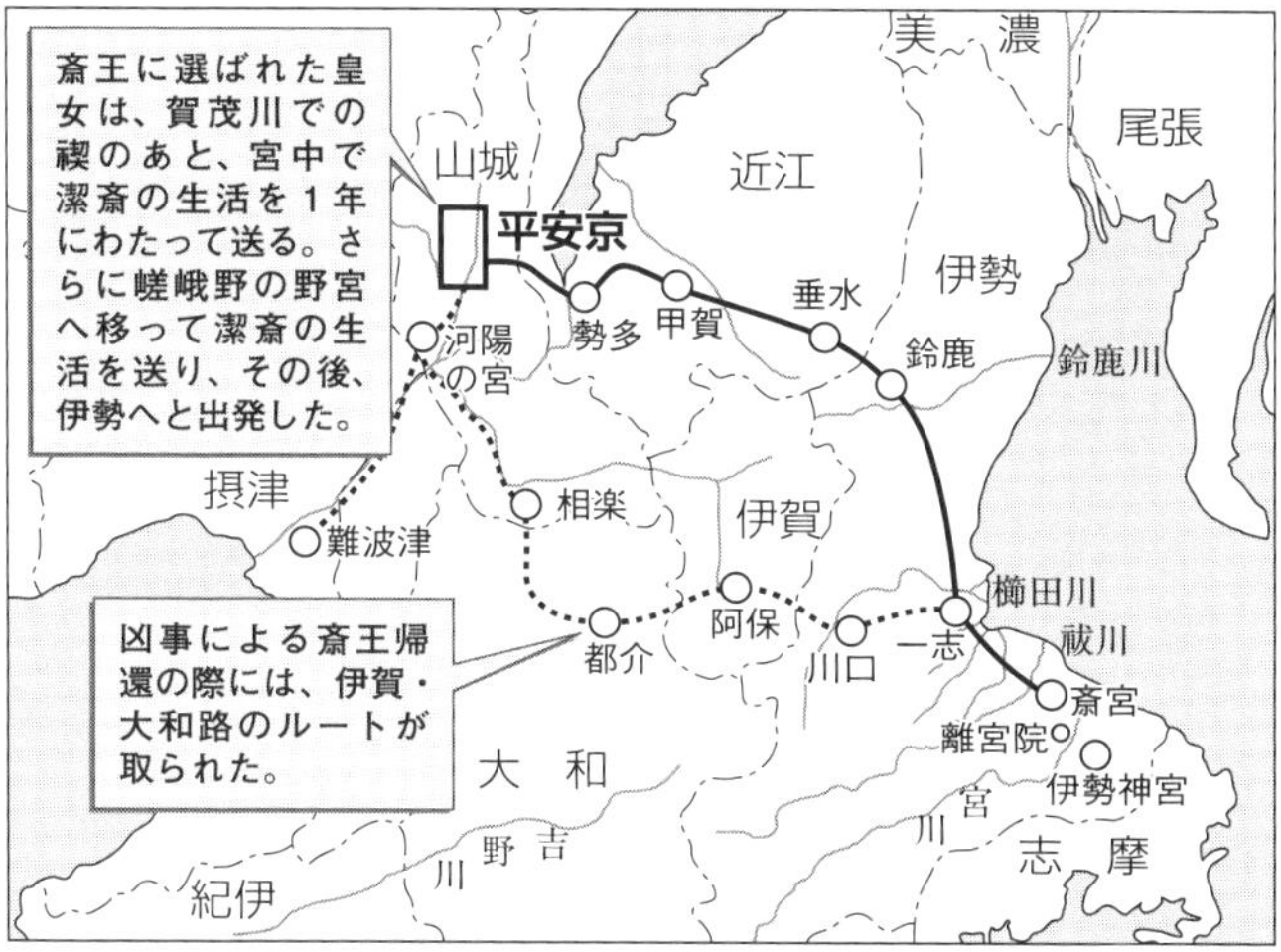

平安の朝廷と伊勢を深く結び付けたものが「斎王」の存在である。天照大神に奉仕する巫女で、ひとたび京を出ると、天皇の譲位・崩御、肉親の不幸、病以外の理由では帰ることができなかった。

斎宮址

伊勢に至った斎王は、内宮の北にある斎宮で生活を送った。

派遣に先立ち、神宮には天皇から神宝《じんぽう》などが授けられ、赴いた勅使《ちょくし》が外宮《げくう》、内宮《ないくう》の順で参拝し、宣命《せんみょう》を奏上《そうじょう》した。その間、天皇は宮中で伊勢神宮を遥拝していたという。

浄土教の聖地となった熊野

熊野信仰は他社に先駆けて広まり、十世紀初頭には宇多上皇《うだじょうこう》の参詣が実現している。この信仰の広まりを後押ししたのは、先達《せんだつ》、御師《おし》たちの積極的な宣伝活動だ。当時の熊野の社格は低く、庇護《ひご》してくれる有力な氏族もなかった。さらに、都から遠いという立地の悪さなど悪条件が重なり、参詣者は少なく、神社経営を維持するためには参詣者の誘致を進める必要に迫られていた。

そのため、熊野は早くより参詣者誘致に積極的で、先達や御師も他社に先駆けて発生している。

平安時代には、熊野に参詣すれば現世と後世の双方で功徳《くどく》を得られると宣伝する一方、禁忌《きんき》に関しては寛容で、広く参詣者を受け入れた。

こうした努力が奏功《そうこう》し、宇多上皇による参詣の約半世紀後には花山法皇《かざんほうおう》の参詣があり、貴族の参詣も増加していった。

対外的な宣伝活動に併せ、信仰面の変革も行なわれた。初期修験道の素朴な集団が活動していた熊野を組織化し、平安中期以降になると、仏教色を強めた熊野三山が成立した。浄土《じょうど》信仰の隆盛に伴い、本宮は阿弥陀の浄土、新宮は観音、那智は薬師の浄土として信仰され、熊野は浄土教の聖地となった。三山の検校には園城寺《おんじょうじ》の増誉《ぞうよ》が任命されている。

　これを背景に、信仰の内容についても、専門の修行者などによる滅罪巡礼《めつざいじゅんれい》から、祈願者が直接熊野を参詣して現当二世の利益が得られる熊野立願《りつがん》へと転換したことで、白河《しらかわ》上皇の行幸も実現した。ここから、熊野参詣の一大ブームが巻き起こることになる。

平安の朝廷と伊勢・熊野

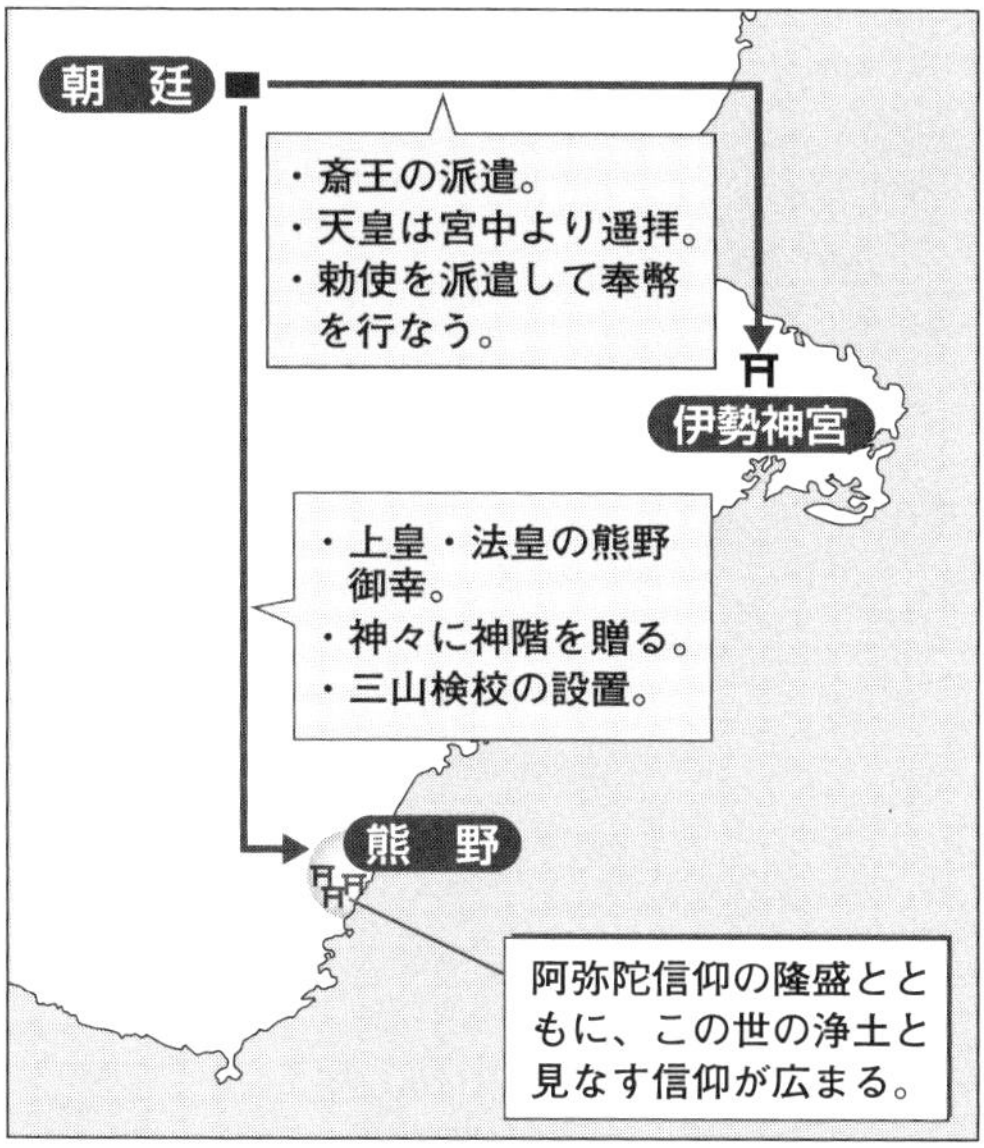

平安時代、朝廷は伊勢神宮を重んじ続ける一方で、阿弥陀信仰が高まる熊野に対して上皇・法皇が御幸を行なうなど、密接なつながりを持つようになる。

多賀大社

「お伊勢参らばお多賀へ参れ、お伊勢お多賀の子でござる」

伊勢神宮の親神として信仰

熊野三山が成立して熊野信仰が隆盛するなか、しだいに、熊野は伊勢と同体と見なされるようになった。さらに、この二社に並び称され、一体視されたのが、近江《おうみ》に鎮座する多賀《たが》大社だった。

多賀大社の祭神は、日本の国土を生成し神々を生んだとされる伊邪那岐命《いざなきのみこと》・伊邪那美命《いざなみのみこと》である。『古事記《こじき》』に「伊邪那岐命は淡海《あわみ》（近江）の多賀に坐《いま》すなり」と見えるほどの古社で、七一二年には存在していたことが知られている。

由緒ある神社ゆえに皇室の崇敬《すうけい》も厚く、鎌倉時代には幕府の保護を受けた。戦国時代には豊《とよ》臣秀吉《とみひでよし》が母の病気平癒《へいゆ》として一万石《ごく》を寄進するなど、時代を通じて時の権力者たちから信仰を集めた。

中世には、長寿、縁結びの神として庶民の間に信仰が広がり、やがて、伊勢・熊野と並び称されるほど広く崇敬されるようになった。

多賀大社

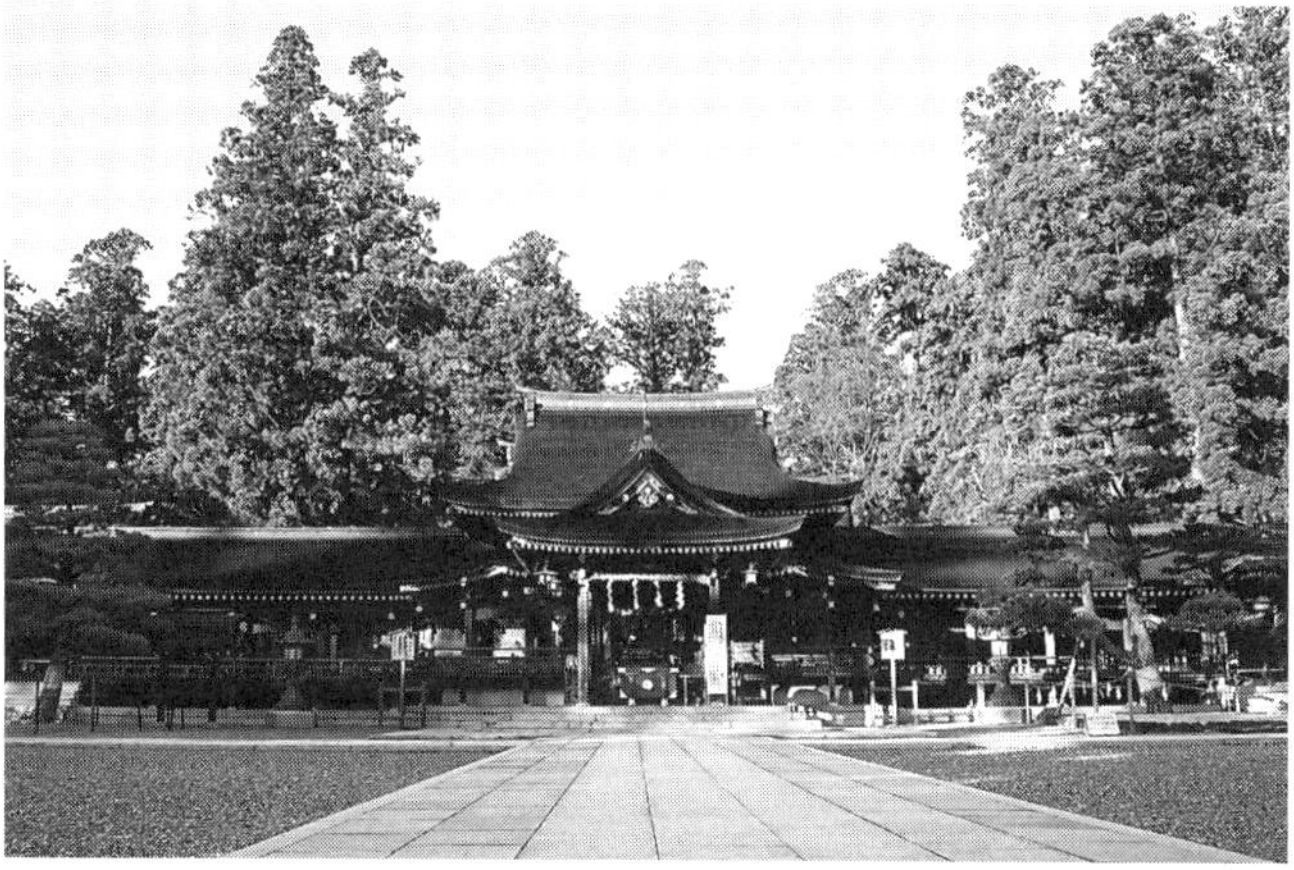

日本神話において伊勢神宮の天照大神を産んだとされる伊邪那岐命と伊邪那美命を祀る多賀大社。

多賀大社が伊勢、熊野と同体と見なされた理由としては、伊勢の参道と近く、伊勢・熊野巡礼に合わせて参詣できるという立地条件や、多賀大社の熱心な勧進《かんじん》活動などが挙げられるが、多賀大社が、天照大神《あまてらすおおみかみ》の親神である伊邪那岐命・伊邪那美命を祀っていたことも大きい。

伊勢の親神を祀っているのなら尊いはずだとして、伊勢と同体と見なされ、崇敬されたのである。

その親子の関係から、俗謡《ぞくよう》では「お伊勢参らばお多賀へ参れ、お伊勢お多賀の子でござる」と謡《うた》われた。

鎌倉時代には「伊勢へ七度、熊野へ三度、お多賀様へは月参り」と称されるほど人気を博し、伊勢・熊野と併せて多賀大社にも参拝することが習わしになったともいわれている。

地方豪族の日記に登場する三社

この三社の関係がよくわかるのが、三重県四日市《よっかいち》市の善教寺《ぜんきょうじ》にある阿弥陀如来の胎内《たいない》から戦後に見つかったという『藤原実重《ふじわらのさねしげ》作善日記《さぜんにっき》』である。

この史料は、伊勢の豪族である藤原実重が貞応《じょうおう》三年（一二二四）から仁治《にんじ》二年（一二四一）まで、毎年の参詣や、奉納した金銭、米穀について詳細に記した日記で、当時の地方豪族の熱心な信仰生活の様子がうかがえる。

とくに伊勢と熊野関連の記事がくわしく、毎年元日には伊勢と熊野と同じように、多賀へも米を奉納していた。

「正月一日　大神宮御はな米　二斗《と》内外宮にまいらす
同日　米三斗　多賀の御前にまいらす
同日　熊野の権現に御仏餉米《おんぶつしょうまい》　五斗五升《しょう》まいらす」

などとあり、三社を同じように信仰していたことが見てとれる。「実重願文」という史料も、やはり当時の信仰生活を示すものとして知られている。

古代の交通網と多賀大社

街道の整備が進むなかで、多賀大社は中山道の沿道に位置する形となり、天照大神の親神として敬われ、参詣者が増加した。その他の主要街道沿いには、熱田神宮や気比神宮が発展している。

熊野古道① 伊勢路

伊勢から海岸沿いに熊野へ至る参詣路

易路とされた伊勢路

伊勢信仰と同体とされた熊野は、信仰が広まるに従い、多くの参詣客を集めるようになった。熊野三山に至る道は険《けわ》しい山道が続くことで知られているが、昔の参詣者たちは、どのような道をたどって聖地へと赴いたのだろうか。

熊野に参詣する古道には、いくつかのルートがあった。大別すると、紀伊路《きいじ》と伊勢路《いせじ》と大峯《おおみね》奥駆道《おくがけみち》の三ルートがあり、紀伊路はさらに、田辺《たなべ》からの中辺路《なかへじ》と大辺路《おおへじ》、高野山《こうやさん》からの小辺路《こへじ》の三つに分かれた。

このうち、古くから存在したのは伊勢路と紀伊路（中辺路）である。平安末期の『梁塵秘《りょうじんひ》抄《しょう》』にはすでにこの二つの道が記され、対等に扱われていたようだ。

京都から出発して伊勢路を利用する場合、近江国経由で東海道《とうかいどう》と伊勢《いせ》別街道《べっかいどう》を通るか、大和《やまとの》国《くに》経由で伊賀《いが》街道か初瀬《はつせ》街道を利用したとされる。

そして伊勢からは、田丸《たまる》を起点として南西の方角へ進み、大内山村《おおうちやまむら》、紀伊長島《きいながしま》、尾鷲《おわせ》を経て

伊勢と本宮・新宮をつなぐ伊勢路

伊勢路の基点となる伊勢神宮。

石畳が続く伊勢路の名所、馬越峠。

伊勢路は伊勢と熊野を170kmの道のりでつなぐ。旅程は7日前後を要したとされるが、紀伊長島から船を使うと2、3日で新宮へと至る。しかし、その海路は大変な荒海を行くことになり、慣れない者は相当な恐怖を味わったという。

熊野へ至った。これは、峠のある山道と海辺の道が交互に現われる道で、約二五十キロメートルの道のりである。

この伊勢路は紀伊路より全体に平坦だったため、易路《いろ》として当初は好まれていたらしい。花山《かざん》法皇が熊野参詣を計画した際は、徒歩が原則の紀伊路でなく、船を使える伊勢路を希望したという。

長島から新宮、さらに川船を利用して本宮まで、ほぼ船に乗って参詣することも可能だったのだろう。

庶民の道として発展

しかし平安時代に入ると、状況は大きく変わる。

伊勢と熊野が非同体とされて分離されたのに加え、上皇や貴族らの熊野詣でに際し、引率の修験者たちが、道中での苦行があるほうが功徳《くどく》が高いとして難路を勧《すす》めたため、山道の多い紀伊路が公式ルートとされるようになった。

このように、紀伊路は上皇が行幸した道として知られた一方、易路である伊勢路は、庶民が利用しやすい参詣道として発展していく。

とくに室町時代以降、庶民の参詣が活発化したことに加え、西国三十三所観音霊場《さいごくさんじゅうさんしょかんのんれいじょう》の巡礼が盛んになったことから、伊勢路の利用者が必然的に増加した。東国から西国巡礼をする場合、伊勢を経て新宮、那智へと至るのが通常の経路だった。

江戸時代に入り、伊勢参りと熊野詣でがセットとして見られるようになると、多くの人が伊勢路を利用するようになった。

熊野速玉大神坐像

熊野速玉大社の祭神である熊野速玉大神。熊野の神像としては最も古く、平安時代前期の作とされる。（熊野速玉大社所蔵）

伊勢参宮を終えた参詣客は、田丸で装束《しょうぞく》を着替え、熊野を目指す西国巡礼に出たという。

今も伊勢路には、往時をしのぶ石畳の峠道が残されている。

道の崩落を防ぐために、早くから整備されていたといわれている。

熊野古道② 大峯奥駈道

吉野と熊野をつなぐ修験者の山道

熊野の修験道の成立

上皇らが通った紀伊路（中辺路）よりさらに厳しい山岳ルートが、大峯奥駈道《おおみねおくがけみち》である。ここは、山伏が修行のために通る険しい山岳ルート、つまり修験者のための道だった。

修験道は、日本では古くから山を聖地として信仰されていたが、山での修行を勧める密教《みっきょう》の伝来により、さらに発展することとなった。

その拠点として、熊野や金峯山《きんぷせん》が開かれた。中世には、熊野の修験者は天台宗《てんだいしゅう》の聖護院《しょうごいん》を本拠とする本山派《ほんざんは》を形成した。一方、奈良の金峯山を拠点とする一派は、真言宗《しんごんしゅう》を後ろ盾に当山派《とうざんは》を結成し、二大宗派となった。

こうした修験道の発展に伴い、熊野でも山岳修行が盛んになった。古くは初期熊野修験道の「海の修験」で知られた那智は、奈良時代になると、一部の僧侶の間で滝籠《たきごも》りなどの修行が実践される行場となった。

十世紀後半からは山岳修行の場として広く知られるようになり、出家《しゅっけ》した花山法皇も、那

修験道の聖地、大峯奥駈道

金峯山寺

熊野奥駈道の基点となる吉野の金峯山寺。蔵王権現を本尊とする。

大峯山系

熊野修験の修行場となる大峯山とは、熊野から吉野へ至る紀伊半島に長く伸びる山系の総称である。

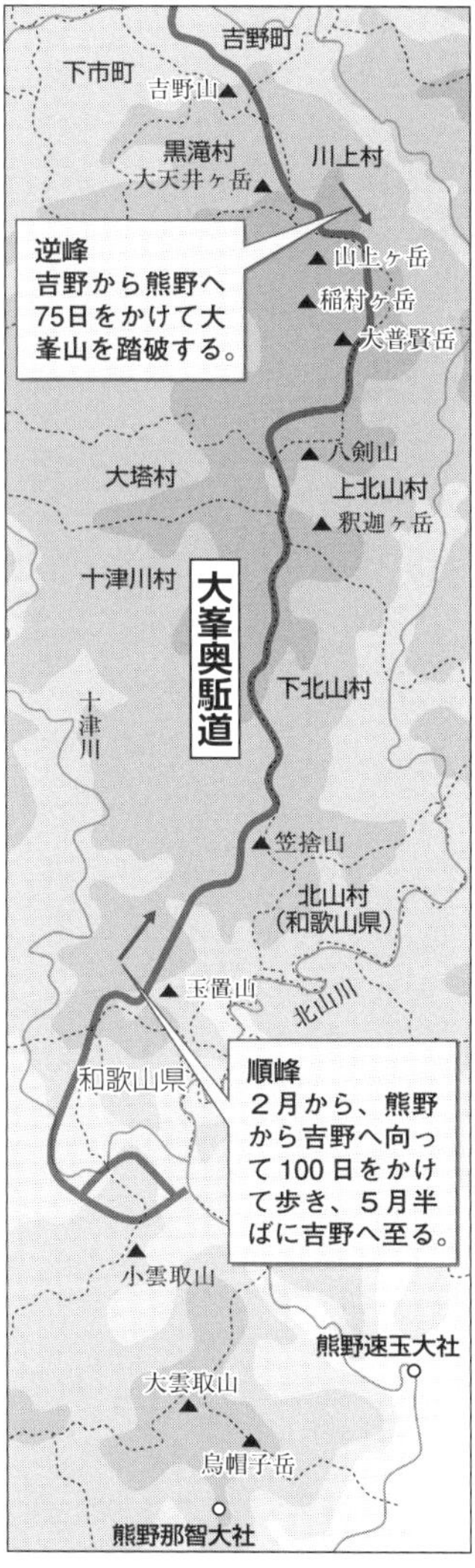
吉野町
下市町
吉野山
黒滝村
川上村
大天井ヶ岳
逆峰
吉野から熊野へ75日をかけて大峯山を踏破する。
山上ヶ岳
稲村ヶ岳
大普賢岳
八剣山
大塔村
上北山村
釈迦ヶ岳
十津川村
大峯奥駈道
下北山村
十津川
笠捨山
北山村（和歌山県）
玉置山
北山川
和歌山県
順峰
２月から、熊野から吉野へ向って100日をかけて歩き、５月半ばに吉野へ至る。
小雲取山
熊野速玉大社
大雲取山
烏帽子岳
熊野那智大社

大峯奥駈道は10～11世紀頃に成立したとされ、修験道の山伏たちが山林修行を行なった。

智の滝で三年にわたり「千日籠り《せんにちごも》」を行なったという。

山の修験と大峯奥駈道

しかし十一世紀初頭頃から、熊野の山岳修行は、熊野本宮を拠点とする「山の修験」へと移行していく。

その契機となったのが、吉野と熊野本宮をつなぐ大峯奥駈道が成立したことだ。大峯山《おおみねさん》は、奈良県の吉野山から熊野に至る紀伊半島を縦断する山系で、古くから修験道の根本道場として知られた。

奈良時代にも法相宗《ほっそうしゅう》の広達《こうたつ》などの山岳修行者がいたとされるが、大峯奥駈道が成立したことで、熊野から山岳修行に入る者が増加した。

平安時代の十世紀には、比叡山《ひえいざん》の陽勝仙人《ようしょうせんにん》が大峯山の窟《いわや》に籠ったという伝承など、この地で山岳修行した者の話が多く伝わるようになる。

この時代には、二月初頭から百日かけて熊野から吉野に向かう順峰《じゅんぶ》ルートで修行を行なっていたらしい。この順峰の反対が逆峰《ぎゃくふ》で、秋に吉野から熊野へ七十五日かけて向かう修行である。

修験道の発生

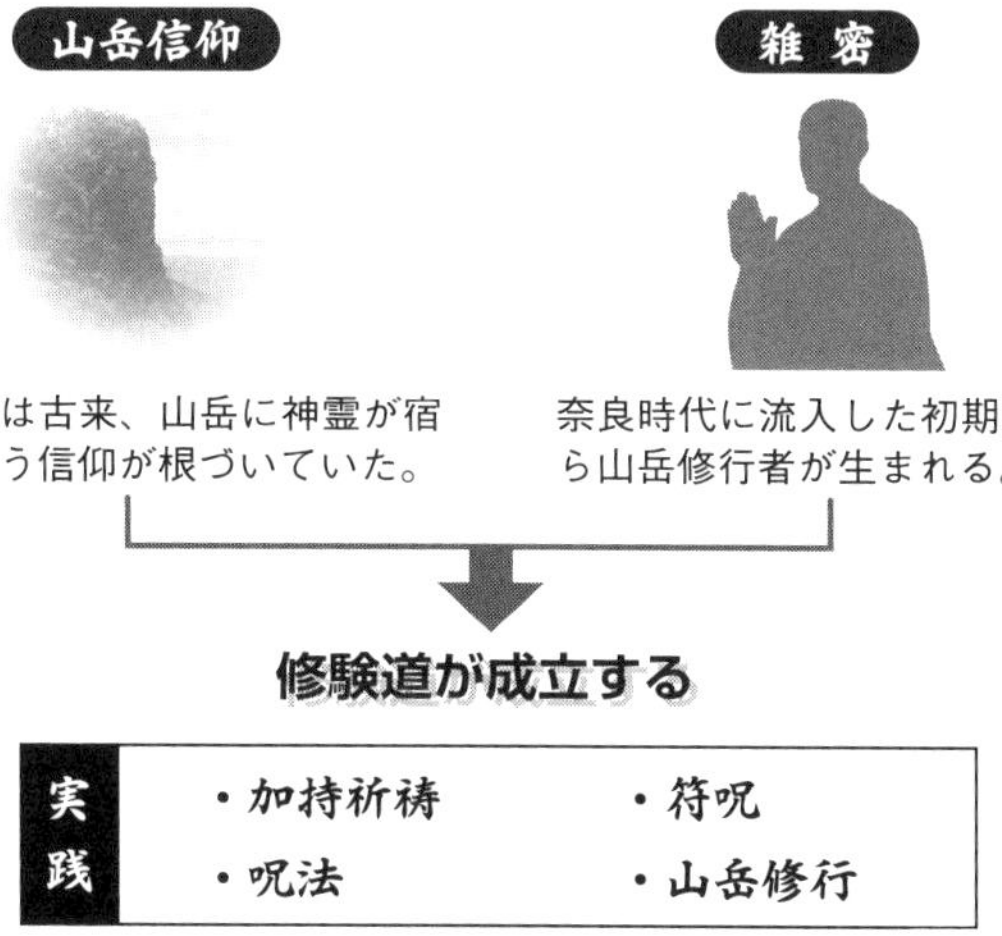
山岳信仰
雑密
日本には古来、山岳に神霊が宿るという信仰が根づいていた。
奈良時代に流入した初期密教から山岳修行者が生まれる。
修験道が成立する
実践
・加持祈祷
・符呪
・呪法
・山岳修行

当時の本宮の様子は、増基法師《ぞうきほうし》が残した紀行文『いほぬし』に垣間見ることができる。本宮には多くの山伏が群れをなしていることが記され、修験集団の聖地であったことがわかる。ここでは朝夕に念仏《ねんぶつ》を称える「例時作法《れいじさほう》」や、『法華経』八巻を講説する法会《ほうえ》「霜月《しもつき》の御八講《みはっこう》」が行なわれていたという。この頃の熊野詣では、罪ほろぼしを願う滅罪信仰によるものが中心だったようだ。

ただし、当時はまだ一般庶民の参詣は困難だった。道程の厳しさに加え、当時の入山者には、物忌《ものいみ》と祓除《ばつじょ》、経供養《きょうくよう》や水垢離《みずごり》など、厳しい精《しょう》進潔斎《じんけっさい》が求められたからである。そのため、一般庶民の場合は山伏《やまぶし》に代参《だいさん》を頼むのが普通だったという。

蟻の熊野詣で

豪華な行列をなした上皇・貴族の度重なる参詣

浄土、現世利益など多彩な信仰

平安後期から鎌倉時代にかけて、上皇や貴族らによる熊野参詣が隆盛を迎え、誰も彼もが列をなすように熊野に足を運ぶさまは「蟻《あり》の熊野詣《くまのもう》で」とも称された。

上皇らの熊野詣では、十世紀初頭の宇多《うだ》上皇の行幸を皮切りに、弘安《こうあん》四年（一二八一）の亀《かめ》山《やま》上皇まで、約三百五十年にわたって続けられた。最も隆盛を極めたのが院政期《いんせいき》の白河《しらかわ》上皇から後鳥羽《ごとば》上皇に至る五代で、寛治《かんじ》四年（一〇九〇）から承久《じょうきゅう》三年（一二二一）の間に九十三回もの行幸が行なわれた。

とくに、鳥羽《とば》上皇は二十一回、後白河《ごしらかわ》上皇が三十四回、後鳥羽上皇が二十八回と、この三上皇の参詣回数はずば抜けて多く、年中行事化していたともいえる。

院政期に上皇らの熊野詣でが盛んになったのは、山伏に代参してもらう従来の信仰形式から、先達の引率のもと、自身が熊野に参詣して立願する形式へ変化したことに加え、参詣の回数が多いほど功徳が深まるとする多数作善《たすうさぜん》功徳信仰の影響も大きい。

家津美御子大神坐像

託宣の神としても信仰される熊野本宮大社の祭神・家津美御子大神。幞頭冠を被った青年相で表現されている。（熊野速玉大社所蔵）

熊野本宮大社社殿群

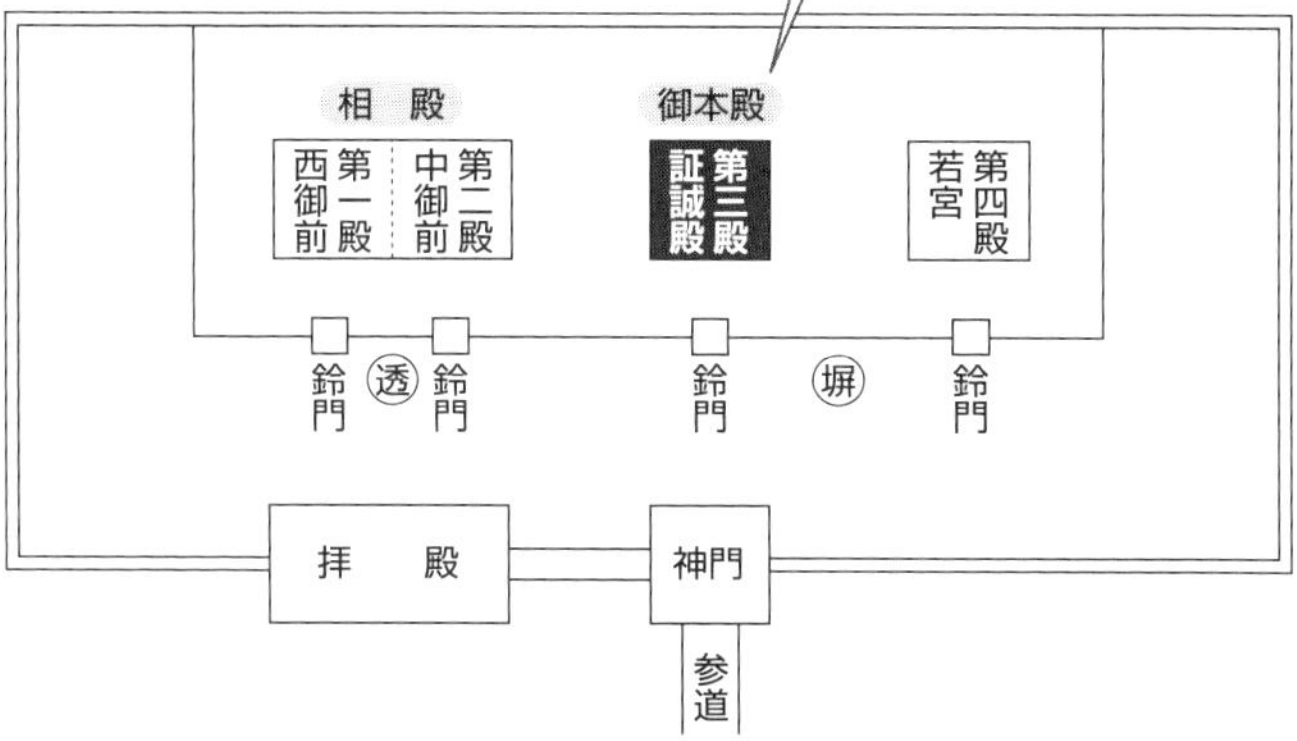

久寿２年（1155）、鳥羽上皇（当時は天皇）は熊野参詣の折に本宮証誠殿にて託宣を下され、これにより災厄を避けることができたという。

さらに、熊野詣での目的や信仰内容が多様化したのも、崇敬を集める理由となっただろうと考えられている。

滅罪信仰により来世《らいせ》での安穏《あんのん》を願うものから、富貴《ふうき》や延命《えんめい》を望む現世利益《げんせりやく》も加わり、さらに、立願の願《がん》ほどき（お礼参り）も習慣化した。熊野に立願して重病が癒《い》えても、願ほどきをしなければ再び病にかかると信じられた。

とくに、那智大社は長寿延命の信仰を集めていたようで、長寿を叶えるために那智の滝水を浴びたり飲んだりしたという。

また、熊野は託宣《たくせん》を与えてくれる神としても信仰されていた。『保元物語《ほうげんものがたり》』には、鳥羽法皇が熊野に参詣した際、自らの寿命に関する託宣が下されたという話があり、『古今著聞集《ここんちょもんじゅう》』には、ある盲人が熊野の神に、目が見えるようになりたいと願掛けをしたところ、おごらず信心せよと託宣があり、その後、願いがかなったという話が見られる。

豪華な行列

上皇の度重なる熊野詣でを可能にしたのが、長旅を実現させる強大な経済力と権力だった。一回の熊野詣でには、一説によると約二千五百人が参列したともいわれ、宮中から人影が消えるといわれるほど、大掛かりで豪華なものであった。この参詣費用は上皇の荘園《しょうえん》からの収益で賄われたほか、沿道からも調達した。

元永《げんえい》元年（一一一八）の白河院参詣では沿道の八百十四人が駆り出され、三十年後の鳥羽院参詣では、沿道の国々から菓子、酒、折敷《おしき》、薪《たきぎ》、酢、塩、炭、味噌、大豆、伝馬《てんま》などが徴収されたとの記録がある。

上皇の意に応えるため、沿道の国司《こくし》は自国の農民から徴収したが、院政期は荘園が増加し、国司が管轄する国衙領《こくがりょう》が減少していた。

そのため、国司による徴収は過酷なものとなり、逃亡する農民も多かったという。上皇の熱心な信仰と参詣は、民衆の苦しみにより支えられたものでもあった。

しかし、こうした熊野詣での隆盛も、承久の乱とともに終息を迎えた。

歴代上皇の熊野御幸回数

宇多法皇	1回
花山法皇	1回
白河上皇	9回
鳥羽上皇	21回
崇徳上皇	1回
後白河上皇	34回
後鳥羽上皇	28回
後嵯峨上皇	2回
亀山上皇	1回

熊野には宇多法皇以降、歴代の上皇が参詣し、後白河上皇に至ってはじつに34回もの御幸を行なっている。

熊野古道③ 紀伊路（中辺路）

往復七百キロを超える浄土への旅路

往路は徒歩が原則

白河上皇らも利用し、中世には熊野参詣の公式ルートとされたのが、田辺《たなべ》から紀伊山地に分け入り、本宮に至る紀伊路《きいじ》（中辺路《なかへじ》）である。

ここが公式ルートだったことを示すかのように、中辺路の沿道には、熊野九十九王子《くじゅうくおうじ》と呼ばれる神祠《しんし》が数多く設置されている。

そのルートの概要は、京都から船で淀川《よどがわ》を下り、摂津《せっつ》で上陸。天王寺《てんのうじ》、住吉《すみよし》を経て和泉国《いずみのくに》を南下し、紀伊国に入る。さらに南下して藤代坂《ふじしろざか》、蕪坂《かぶらざか》などを経て田辺に達する。そこからは東に方向を変え、山路を本宮に向かう。本宮からは半日かけて熊野川を下って新宮を順拝《じゅんぱい》。ついで徒歩で海岸線沿いを南下し、那智川の流れに沿って那智に参拝する。そこからは熊野川を上って本宮に戻るか、死者の霊魂が詣でる場所と信じられた妙法山《みょうほうざん》に登ってから、雲取《くもとり》越えで本宮に戻る。

中辺路経由で参詣する場合、往路は一部を除いてほとんど徒歩で、帰路ではときに伝馬を使

牛馬童子と役行者像

中辺路の箸折峠にたたずむ、牛馬にまたがった童子像は、花山法皇の旅の姿を表わしたものといわれる。

うこともあったという。京都から本宮までの距離は約三百キロメートル、これに新宮、那智の順拝を加えると、往復で七百キロメートル以上の道程となり、二十日から三十日ほどかかった。

徒歩のうえ、王子社奉幣《おうじしゃほうへい》や祓《はら》いなどの儀式が多い往路のほうが時間がかかり、総日程の三分の二を費やしたという。

まさに、浄土に生まれ変わるための苦行の旅であった。

十一世紀後半に参詣した藤原為房《ふじわらのためふさ》の『為房《ためふさ》卿記《きょうき》』によると、九月二十一日に出発し、往路は十四日、帰路は八日間の道程であった。岩代から田辺までは船に乗ったが、本宮までは連日、天候に関係なく徒歩で移動している。先を急いで、日没後も松明《たいまつ》の火を頼みに歩き続けたらしい。宿泊先は、住吉神主宅、日高郡司宅《ひだかぐんじ》など現地有力者の私宅、荘園《しょうえん》の荘家《しょうけ》、山中に設けた仮の草庵などであった。

為房は田辺まで海路を取っているが、のちに白河上皇が、淀川と熊野川以外すべて徒歩を通したのをきっかけに、以降、この作法が踏襲《とうしゅう》され、往路は徒歩が原則とされた。

中辺路が選ばれた理由

難路とされた紀伊路がそれまでの伊勢路に代わって公式ルートに採用されたのは平安末期からとされる。

その理由としては、本宮に行くには伊勢路より距離的に近かったことに加え、前述したように、当時においては、あえて難路を選ぶという苦行を実践することで、より大きな功徳を積むことができると考えられていたことが挙げられる。

もう一つの理由として、浄土思想が熊野におよび、仏教色を強めたことも指摘できる。この結果として、仏事を嫌う伊勢とは距離を置かざるを得なかった。熊野詣での行列は一切経供養《いっさいきょうくよう》や曼荼羅《まんだら》供養などに必要な経典仏具を帯同したため、伊勢を通るのがはばかられたという事情もあったようである。

中辺路の道中

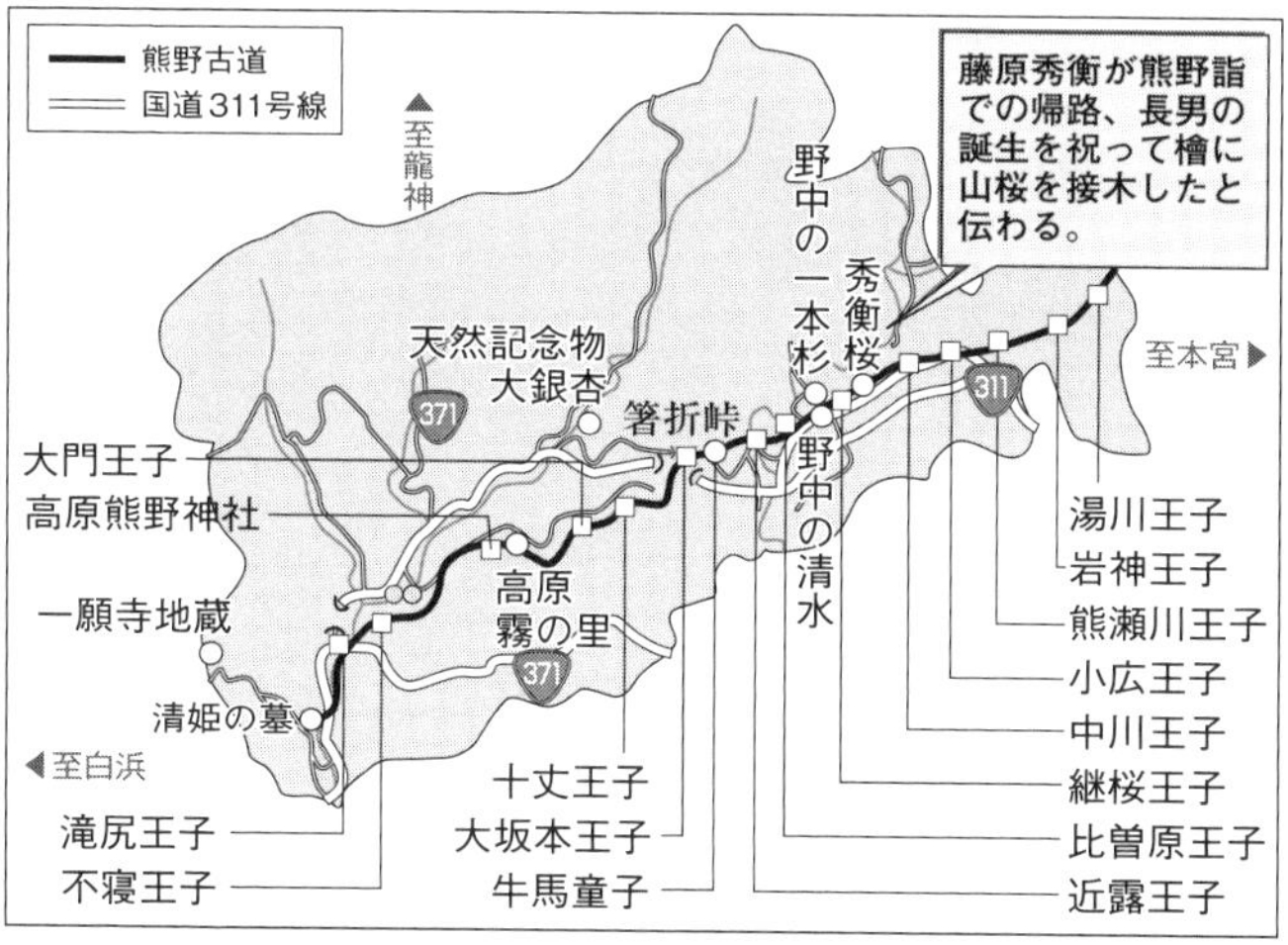

中辺路は中世において熊野詣での公式経路とされ、沿道には多くの王子が設置された。京都からの距離は 300km を超えるが、往路は徒歩が原則とされた。

（月岡芳年筆　国立国会図書館所蔵）

清姫伝説

熊野詣でのために中辺路を通っていた安珍という美男の僧が、紀伊国にて真砂庄司に宿を求めた。

この真砂庄司には清姫という一人娘がいた。この清姫が安珍に一目惚れして言い寄ってきたため、安珍は、「熊野詣でを済ませたら立ち寄って結婚する」と約束して去った。

だが、もとより安珍にその気はない。参詣を終えると、そのまま立ち寄らずに帰ってしまう。

裏切られたと知った清姫は、妄執に取り付かれて安珍を追走。姿を蛇に変えて安珍に追いすがり、道成寺の鐘に隠れた安珍を焼き殺してしまったという。

熊野九十九王子

中辺路沿いに多数分布した熊野権現の分身

熊野権現の分身にして在地の神

前述したように、紀伊路（中辺路）の特色の一つは、沿道に多くの王子社が設置されたことである。俗に九十九王子とも呼ばれるが、これは実際の数ではなく、数が多いことを表現しているものだ。

参詣者は、これらの王子社を巡礼しながら熊野三山へと向かった。王子とは、熊野権現の分身として出現した御子神《みこがみ》の類であり、仏教では護法《ごほう》の眷属神《けんぞくしん》を指し、沿道の住民からすれば、在地のさまざまな神である。王子という呼称は、修行者を守護する童子《どうじ》の転用であると思われる。

この王子がいつどのようにして祀られたのかは定かではないが、参詣の引率役を務めた山伏たちが、沿道の奇岩、古墓や古木など、路傍《ろぼう》の素朴な神々を祀る祠《ほこら》を、王子へと昇華させたともいわれている。

難路であるがゆえに、旅人を守護する「道の神」が必要とされたのだろう。また、霊験《れいげん》が見

多富気王子

那智大社へ至る大門坂に鎮座する多富気王子。

られたことを根拠に誕生した王子もあるという。

この熊野王子社の初見は、承暦《じょうれき》五年（一〇八一）の藤原為房の日記『為房卿記』に見える、和泉国《いずみのくに》日《ひ》根《ね》王子といわれる。上皇らの熊野詣でが頻繁になった十二世紀になると、王子社が次々と出現し、天仁《てんにん》二年（一一〇九）の藤原宗《むね》忠《ただ》による参詣記『中右記《ちゅうゆうき》』には二十四カ所の王子が記されている。

王子の成立は十三世紀初頭にピークを迎えたらしく、正治《しょうじ》三年（一二〇一）に後鳥羽上皇の参詣に供奉《ぐぶ》した藤原定家《ていか》の記録では、摂津《せっつ》の窪津《くぼつ》から本宮まで八十カ所以上の王子社が確認されているが、新宮、那智周辺の王子社も加えると、ピーク時には九十前後は存在したようだ。

しかし、上皇らの参詣が途絶えた承久三年（一一二二一）以降、大半の王子が破壊転倒して失われたといい、室町時代の十五世紀には十の王子社しか記録されていない。

王子社で行なわれた歌会や舞

王子社は、参詣者がこれを巡礼していくうちに熊野三山へと導かれる、いわば道標《みちしるべ》であった。参詣者は王子をたどりながら、熊野に近づく実感をかみしめていただろう。

また、王子社は旅人の疲れを癒す場所でもあった。王子社のなかでもとくに地位が高いとされたのが、藤代《ふじしろ》、切目《きりめ》、稲葉根《いなばね》、滝尻《たきじり》、発心門《ほっしもん》の五王子である。拠点となる藤代王子や滝尻王子には社殿、宿所、湯屋などの施設が整い、神官《しんかん》、社僧《しゃそう》、巫女《ふじょ》らを従えていた。ここで休憩や昼食をとったり、宿泊したり、ときには歌会や舞なども行なわれた。

藤代王子は水垢離《みずごり》をする場所とされ、皇族などの大規模な参詣では、歌会《うたかい》や白拍子舞《しらびょうしまい》のほか、里神楽《さとかぐら》も行なわれた。神楽を舞った巫女が、参詣者に王子の託宣《たくせん》を下したともいう。切目王子や滝尻王子で催された歌会で上皇や貴族たちが歌を書き留めた「熊野懐紙《かいし》」が、今も残されている。発心門王子は熊野の神域の入口にあたり、藤原定家は、ここへ到達した際の感慨を書き残している。

熊野九十九王子

熊野古道の紀伊路から中辺路を経て熊野本宮大社へと至る道沿いには、「王子社」が点在する。これらは熊野権現の御子神を祀ったものとされる。

第二章
伊勢参りと熊野詣での盛衰

熊野古道④ 大辺路・小辺路

海沿いの迂回路と山地を縦断する最短路

文人墨客に好まれた大辺路

紀伊路には、中辺路のほかに大辺路《おおへじ》と小辺路《こへじ》がある。

大辺路は、田辺で中辺路と分岐し、そのまま海岸線に沿って紀伊半島を回って那智に至る参詣道で、田辺から那智の浜《はま》の宮《みや》王子まで、約九十二キロメートルの道程である（東の起点を新宮とする説もある）。

海岸沿いに大きく迂回《うかい》するため、熊野参詣道のなかで最も距離が長いうえ、四十八坂と呼ばれる、大小さまざまな峠を越えなければならないため、中世の熊野詣でに利用されることはなかった。

大辺路が熊野の参詣道となったのは、江戸時代に紀伊藩が官道として整備してからである。以後、伝馬所《てんましょ》や里程《りてい》の目印となる一里塚《いちりづか》が設けられると、大雲取《おおぐもとり》越を避ける場合の帰路として利用されることも増えてきた。

とはいえ、道は整備されても道中には宿や茶屋がほとんどなく、やはりマイナーな存在だっ

大辺路・小辺路の成立

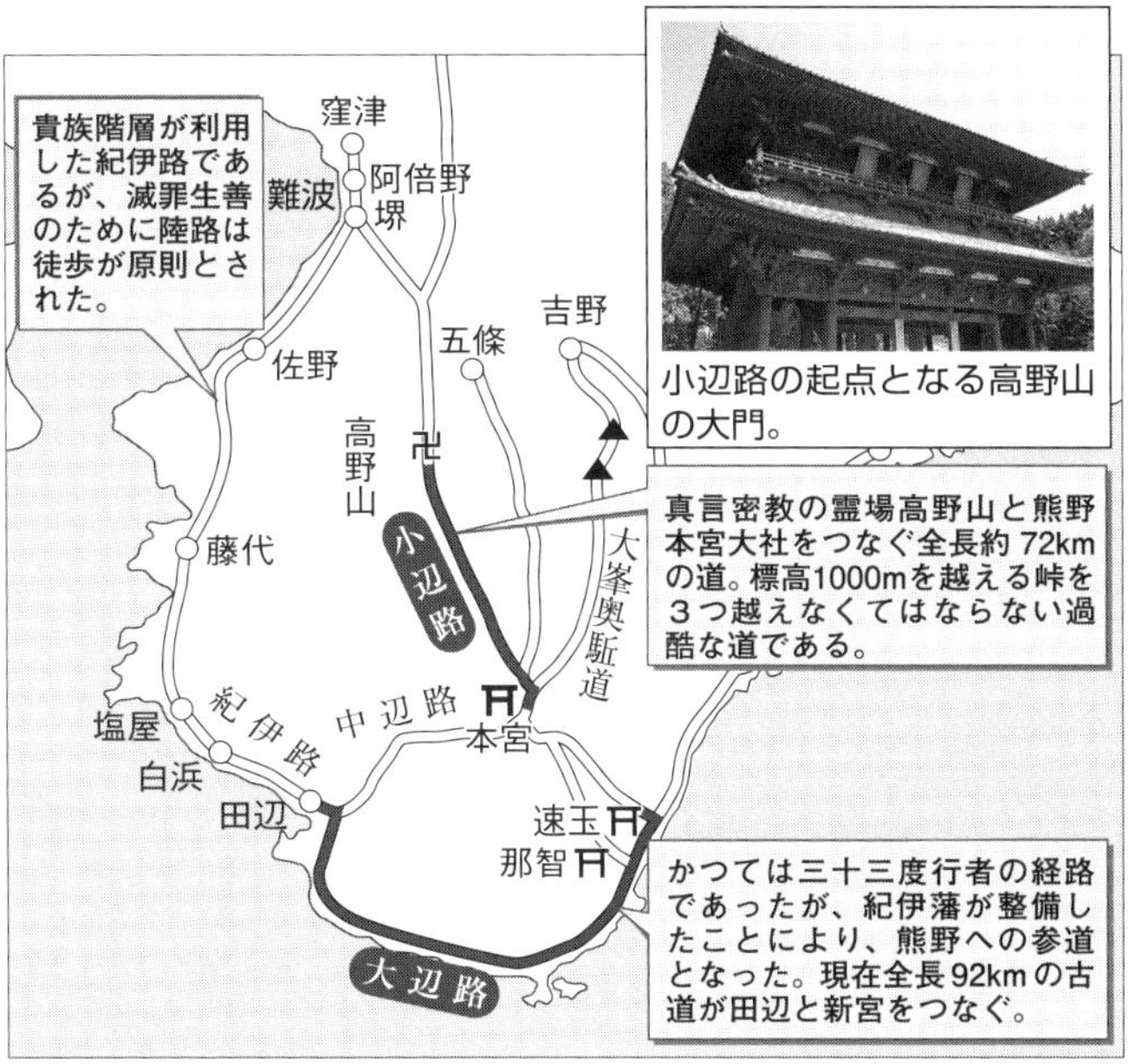
貴族階層が利用した紀伊路であるが、滅罪生善のために陸路は徒歩が原則とされた。
窪津
阿倍野
難波
堺
吉野
五條
佐野
高野山
小辺路
大峯奥駈道
藤代
紀伊路
中辺路
本宮
塩屋
白浜
田辺
速玉
那智
大辺路
真言密教の霊場高野山と熊野本宮大社をつなぐ全長約 72km の道。標高1000mを越える峠を３つ越えなくてはならない過酷な道である。
かつては三十三度行者の経路であったが、紀伊藩が整備したことにより、熊野への参道となった。現在全長92kmの古道が田辺と新宮をつなぐ。

小辺路の起点となる高野山の大門。

近世以降に整備されたのが大辺路・小辺路である。風光明媚な海沿いを通る大辺路は文人墨客に愛され、険しい山道である小辺路は庶民階層に利用された。

大辺路の起点

田辺市の北新町にある「左りくまの道」「右きみゐ寺」と彫られた道標。

たが、唯一、この道を好んだのが、文人や画家たちだったという。というのも、大辺路には風《ふう》光明媚《こうめいび》な海の景色を眺められる場所が多く、比較的時間に余裕があり、風雅《ふうが》を好む旅人には好適といえた。

幕末の歌人である熊代繁里《くましろしげさと》は、余裕のあるときは大辺路、公用など急ぐ場合は中辺路を通っており、状況により使い分けていたことがわかる。

今では海岸沿いの土地は開発され、古道《こどう》の趣《おもむき》は失われたが、峠道などには、未だその面影が残されている。

高野山と熊野を結ぶ最短ルートの小辺路

小辺路は、高野山《こうやさん》から本宮まで、奥深い紀伊山地を南北に縦断する参詣道である。およそ七十二キロメートルで、通常、三泊四日の行程で高野山から熊野に到達することができたという。ただし、千メートル級の峠を三つ越えなければならず、急坂も多い難路であった。そのため、道中で命を落とす者も少なくなかったという。

小辺路が参詣道として利用されるようになったのは近世に入ってからのことで、元亀《げんき》四年（一五七三）に伊予国《いよのくに》の武士、土居清良《どいきよよし》が利用したのが、現在に残る最も古い記録とされる。

小辺路路傍の地蔵

いくつもの難所を越えねばならなかった小辺路では、道中で行き倒れる参詣者も多かった。こうした人々を供養するため、路傍には地蔵が祀られている。

十七世紀になると、小辺路を通った紀行文もいくつか残されるようになり、松尾芭蕉《まつおばしょう》の門人である河合曾良《かわいそら》は、高野山から熊野まで二泊三日の強行軍で参拝したという。

小辺路は難路ではあるが、参詣道のなかで最短ルートであるため、道を急ぐ商人や、宿銭を節約したい庶民には都合がよかった。とくに、西国や大坂方面から熊野に参詣する場合、小辺路を使うケースが多かったようだ。小辺路の開拓が、武士階級や庶民に熊野詣でを促《うなが》す一因になったといえるだろう。

奥深い山中のためか、小辺路沿いには、現在も昔のままに寺院跡や道標、石仏などが多く残され、苦労しながら山越えしたであろう当時の旅の様子をしのぶことができる。

第二章 伊勢参りと熊野詣での盛衰

補陀落渡海

海の彼方にある観音の浄土を目指す捨身の船出

密閉した船で観音浄土を目指す

熊野には、熊野三山を巡拝する信仰のほか、南方海上に観音《かんのん》浄土の補陀落《ふだらく》浄土があると信じ、その地を目指して船出する、補陀落渡海《とかい》という特異な信仰があった。

この目的は、観音浄土への往生、または肉親や結縁者《けつえんじゃ》の現世《げんせ》安穏《あんのん》などを願う、入水往生《じゅすいおうじょう》を覚悟した捨身行《しゃしんぎょう》である。船を密閉し、わずかな食糧だけを携えて死出の旅へと出たのである。

補陀落とは梵語《ぼんご》の「ポタラカ」の音写といい、その地は、中国の長江《ちょうこう》に近い舟山《しゅうざん》諸島の普《ふ》陀山《だざん》、あるいは熊野の那智山、高知県の室戸《むろと》岬《みさき》や足摺《あしずり》岬、九州の有明海《ありあけかい》など、霊峰をいただく海が補陀落山に見立てられた。

補陀落渡海は、茨城県の那珂湊《なかみなと》海岸、四国の室戸岬、足摺岬、鹿児島県の加世田《かせた》など、太平洋岸各地に記録が残るが、最大の拠点は「補陀落の東門」ともいわれた那智の補陀洛山寺《ふだらくさんじ》だった。

補陀洛山寺には全国から渡海を希望する者が集まり、観音往生の儀式を終えて船出したとい

太平洋沿岸に広がる補陀落渡海

仏教受容以前の日本では、海の彼方に常世国があるという信仰が根付いており、こうした信仰が「補陀落渡海」に影響を与えたと考えられる。

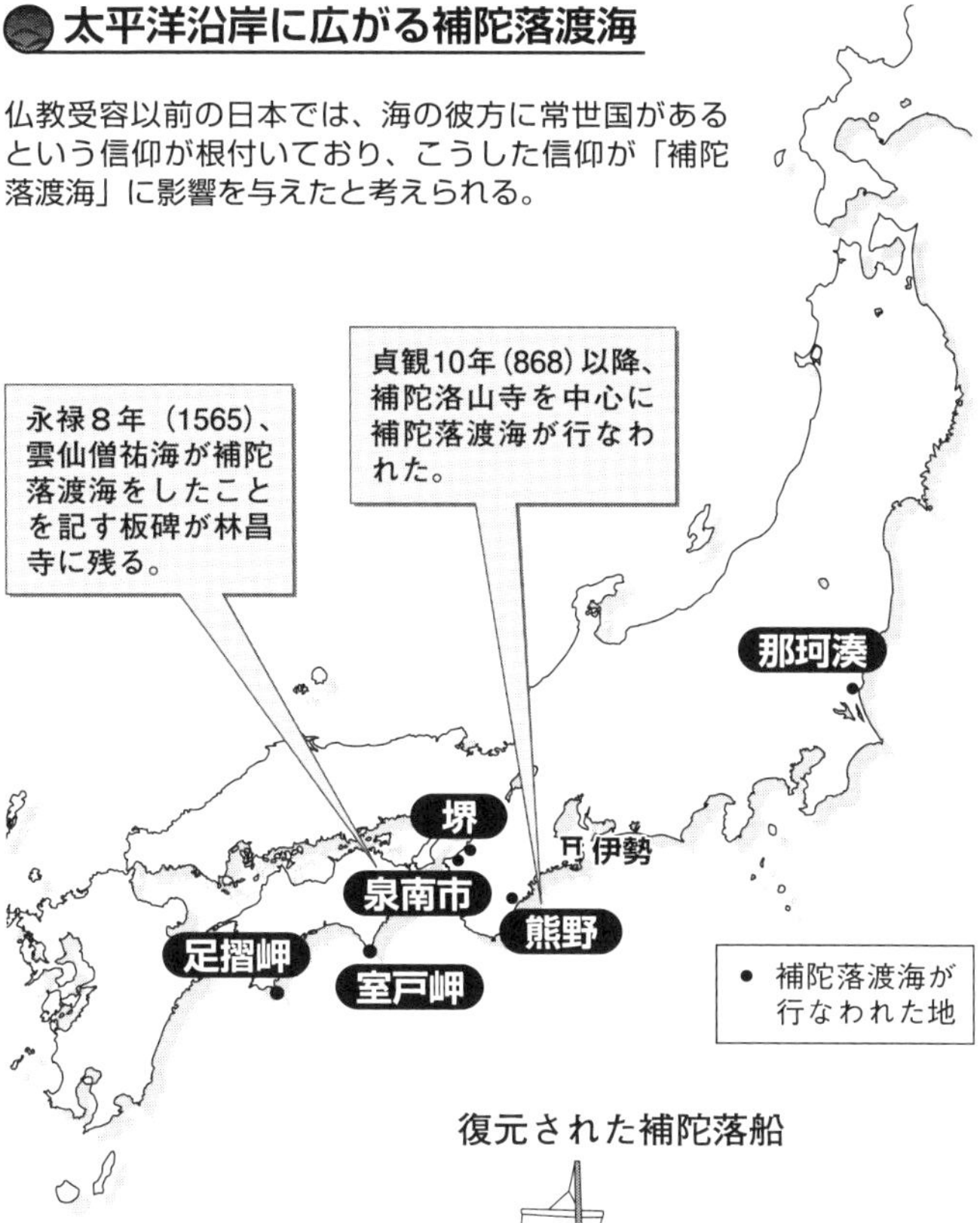

永禄８年（1565）、雲仙僧祐海が補陀落渡海をしたことを記す板碑が林昌寺に残る。
貞観10年（868）以降、補陀洛山寺を中心に補陀落渡海が行なわれた。
那珂湊
堺
伊勢
泉南市
熊野
足摺岬
室戸岬
● 補陀落渡海が行なわれた地

復元された補陀落船

う。

『熊野年代記』によると、九世紀から十八世紀にかけて十九例の渡海が記録されており、寺の裏には、船出した信者たちの墓が残されている。

実際の補陀落渡海の様子については、鎌倉時代の『吾妻鏡《あづまかがみ》』がくわしく記している。鎌倉の武士だった下河辺《しもかわべ》六郎行秀《ろくろうゆきひで》は、狩りで大鹿を仕留め損なったことを恥じ、出家《しゅっけ》して智定坊《ちていぼう》と名乗った。

そして貞永《じょうえい》二年（一二三三）、那智の海岸から補陀落渡海におよんだ。行秀は三十日分の油と食糧を積んで屋形船《やかたぶね》に乗り込み、外から釘を打ち付けてもらい船を密閉したうえで船出したという。

『熊野那智参詣曼荼羅《くまのなちさんけいまんだら》』では、補陀落渡海の様子を絵で見ることができる。屋根の四方に鳥居《とりい》を配して墓に見立てた渡海船と、その傍《かたわ》らには二艘《そう》の船が描かれている。三船が並ぶのは阿弥陀、観音、勢至《せいし》の三尊を表現したものともいわれ、二艘の船が渡海船を引く形で沖まで出たようだ。

入水から水葬へ

補陀落渡海

『熊野那智参詣曼荼羅』に描かれた補陀落渡海の様子。帆を上げた船が補陀落船で、後ろに２艘の伴船が続いている。（國學院大學図書館所蔵）

補陀落渡海は十六世紀に隆盛したが、十六世紀末頃、補陀洛山寺の住持《じゅうじ》である金光坊《こんこうぼう》が、自身の意志に反して無理やり船に乗せられ沈水《ちんすい》するという出来事があり、これを機に、生きながらの補陀落渡海は中止されたと見られる。以後は、死んだ者を、まだ生きているように装って船に乗せて送り出す、水葬に近い儀式になったという。

補陀落渡海の背景には、古くから紀伊を中心に広がっていた、海の彼方にあるという理想郷の常世国《とこよのくに》に対する信仰があったことは間違いないだろう。

この常世国信仰が観音信仰と習合したとき、海の彼方に浄土があるという信仰へと転化したのだろう。

長寛勘文

伊勢・熊野同体説から巻き起こった重大な論争

伊勢・熊野の同体を巡る訴訟

平安時代末期頃から、伊勢・熊野信仰の同体説が唱えられるようになった。熊野に天照大神の母伊弉冉尊《いざなみのみこと》が祀られていることに加え、この時代には、仏事が忌《い》まれるはずの伊勢を僧が参拝したり、熊野詣でに伊勢路が主に利用されるなどの状況があった。こうしたことから、伊勢と熊野は密接な関係にあると考えられたのである。

しかし、応保《おうほ》二年（一一六二）に発生した八代荘停廃《やしろそうていはい》事件をきっかけに、この同体説を根本から検証する重大論争が起きた。

事件の発端は、甲斐国司《かいこくし》の藤原忠重《ただしげ》が、熊野本宮大社に寄進された荘園《しょうえん》を横領し、荘園内の神人《じにん》を捕えたことにある。当時、貴族や寺社の荘園が各地に増えるなか、収入減となる国司側がこれに反発し、争いが頻発したという。

この一件に対し熊野側が訴え、訴訟へと発展した。忠重の暴挙は明らかだが、最大の争点は、熊野権現と伊勢神宮が同体かどうかということにあった。もし同体であるならば、忠重は伊勢

『長寛勘文』が出されるまで

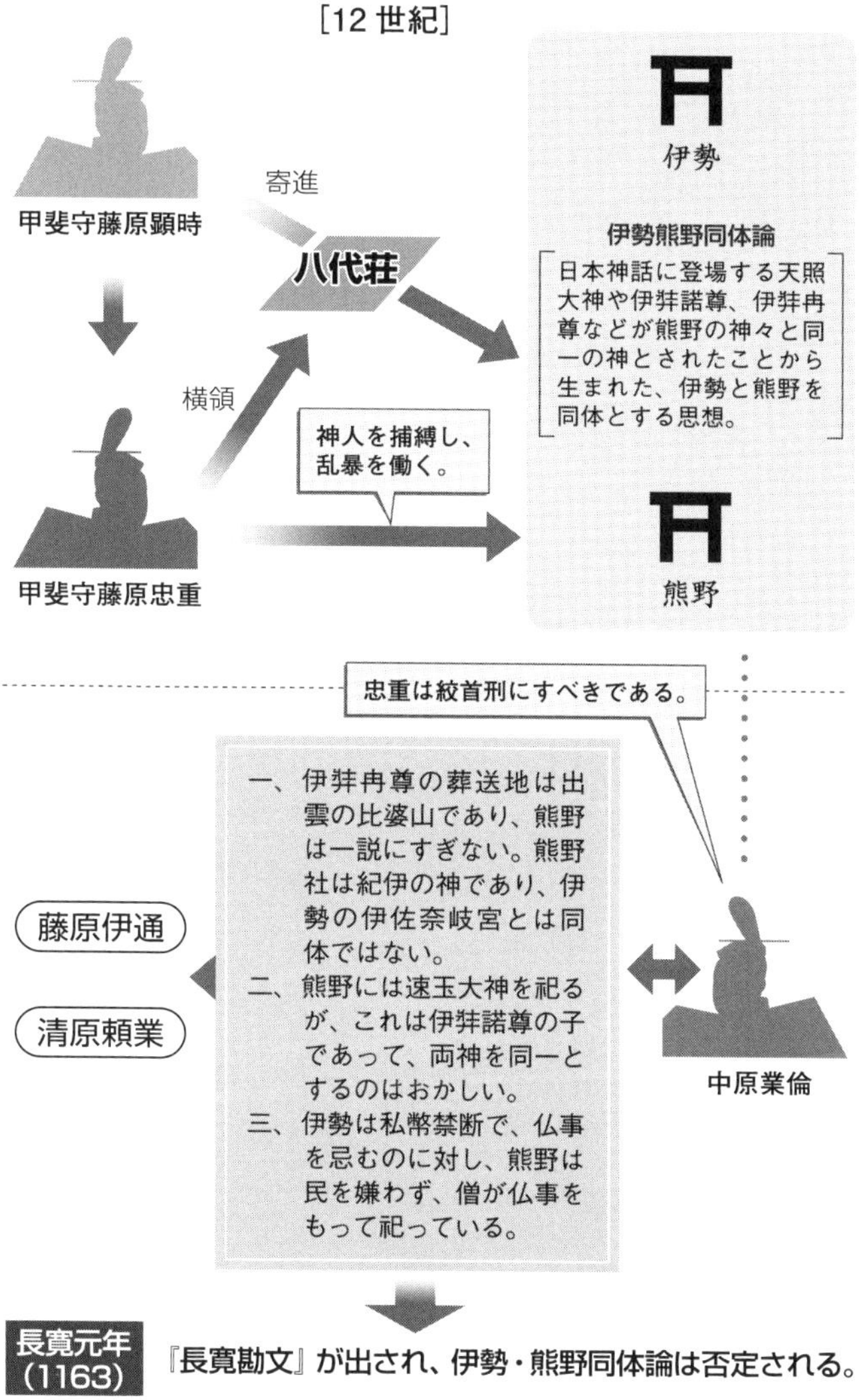

の神様の持ち物を盗んだとして死罪になるが、同体でないならば流罪《るざい》で済む。

朝廷から意見を求められた明法博士《めいほうはかせ》の中原業倫《なかはらなりとも》は、熊野権現と伊勢神宮は同体であるとし、忠重らを絞首刑にすべきだと具申《ぐしん》したが、朝廷ではさらに広く意見を求めた。

伊勢と熊野の関係に決着

この、熊野と伊勢の同体を検証する論争に関し、当時の識者らにより十数通の上申書《じょうしんしょ》が提出された。

これらの文書を集成したものが『長寛勘文《ちょうかんかんもん》』として残されている。上申書の意見は、同体説、非同体説、どちらとも決めかねると結論を保留する説に分かれた。

同体説は藤原範兼《のりかね》らによるもので、『日本書紀《にほんしょき》』に伊弉冉尊を熊野有馬村に葬った記事があることを指摘し、さらに『延喜式《えんぎしき》』に、伊勢の伊佐奈岐宮《いざなきみや》で伊弉諾尊《いざなきのみこと》、伊弉冉尊を祀っている記述があることから、天照大神の父母神が伊勢と熊野の双方に鎮座しているとして、伊勢と熊野は同体であると結論付けている。

一方、太政大臣《だじょうだいじん》の藤原伊通《これみち》と大学助教《だいがくじょきょう》の清原頼業《きよはらのよりなり》は非同体説を唱えた。伊弉冉尊の埋葬地が有馬村というのは、数あるなかの一説にすぎないこと、熊野権現は紀伊の神であり、伊勢

平安末期の伊勢・熊野の対比

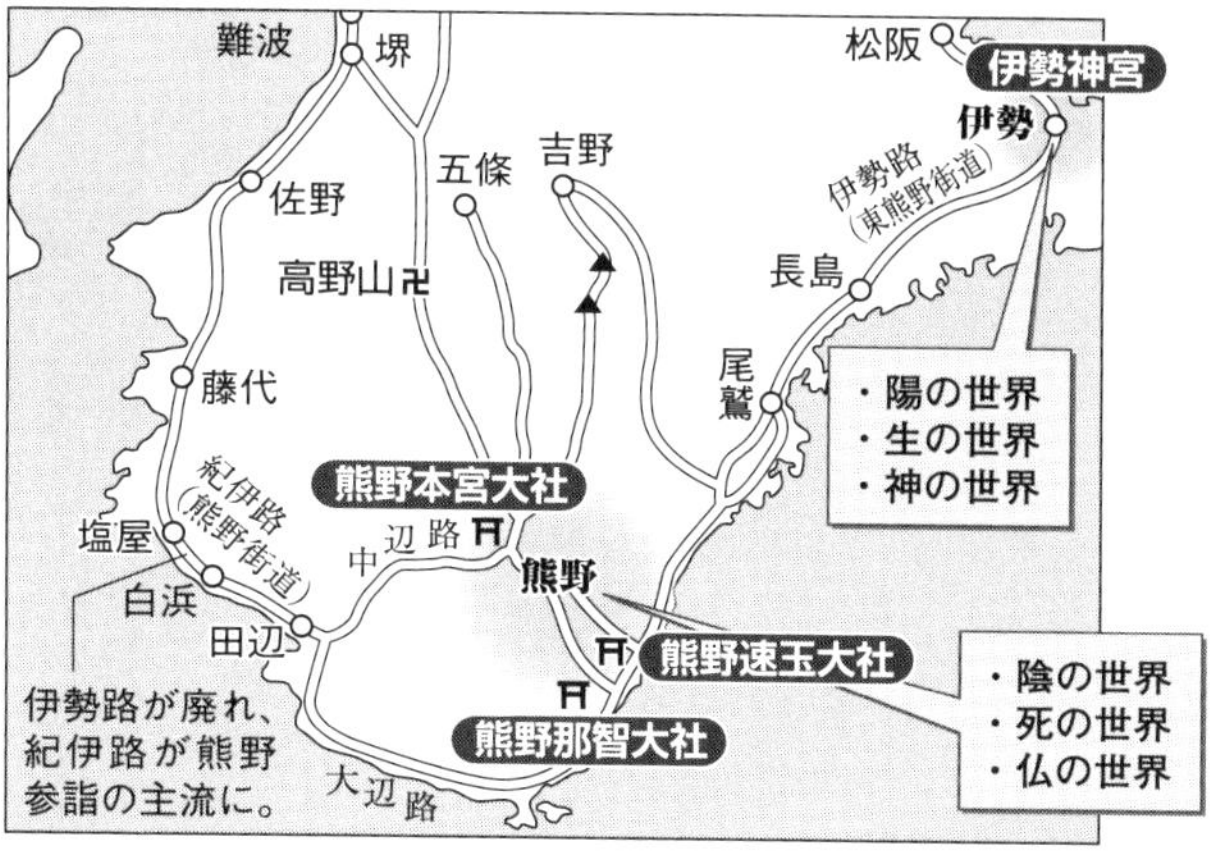

『長寛勘文』により伊勢・熊野の信仰は分離され、両者の間には相対するイメージが定着していった。

の伊佐奈岐宮と同体ではないこと、熊野で祀る速玉大神は伊弉諾尊の子であって、御子神《みこがみ》と母《はは》神《がみ》を同一視はできないこと、伊勢神宮は私幣《しへい》を禁じ、仏事を行なわないが、熊野には仏僧がいること……。

これらの点から見て、伊通と頼業は伊勢と熊野が異質の信仰であるとした。

意見は大きく分かれたが、結果としては非同体説が採択され、忠重は流罪に処せられた。

かくして、伊勢と熊野は明確に分離され、熊野三山はより仏教色を強め、独自の教団を組織して発展していく。一時は一体と見なされた伊勢と熊野は、矢ノ川《やのこ》峠を境として、神と仏の世界、生と死の国と対比される関係に変化していった。

一遍上人

熊野の地での悟りと阿弥陀信仰の隆盛

熊野で悟りを開いた一遍

伊勢と熊野が分離し、熊野は仏教色を強めていった。そこで、庶民信仰としての仏教のなかにも熊野信仰を見出すことができる。

その一例が、鎌倉時代に一遍《いっぺん》が開いた時宗《じしゅう》である。

一遍は伊予国《いよのくに》の豪族の家に生まれたが、若くして出家。三十三歳のとき、「南無阿弥陀仏《なむあみだぶつ》」を称《とな》えれば阿弥陀如来の法力《ほうりき》によって救われるという確信を抱き、名号札《みょうごうふだ》を配布しながら浄土教の拠点を巡る遊行《ゆぎょう》の旅に出た。

『一遍上人絵伝《いっぺんしょうにんえでん》』によれば、難波《なんば》から高野山を経たのち、この世に出現した阿弥陀の浄土と呼ばれる熊野本宮へと向かう山中で一人の僧と出会う。一遍はこの僧に、阿弥陀如来の名が記された名号札を渡そうとするが、信心《しんじん》が起こらないと断られ、押し問答の末、無理やり札を押し付けて立ち去った。

その後、一遍は阿弥陀如来を祀る熊野本宮の証誠殿《しょうせいでん》に詣でた。すると、山伏姿の熊野権現

一遍の熊野参詣

〈一遍の遊行〉

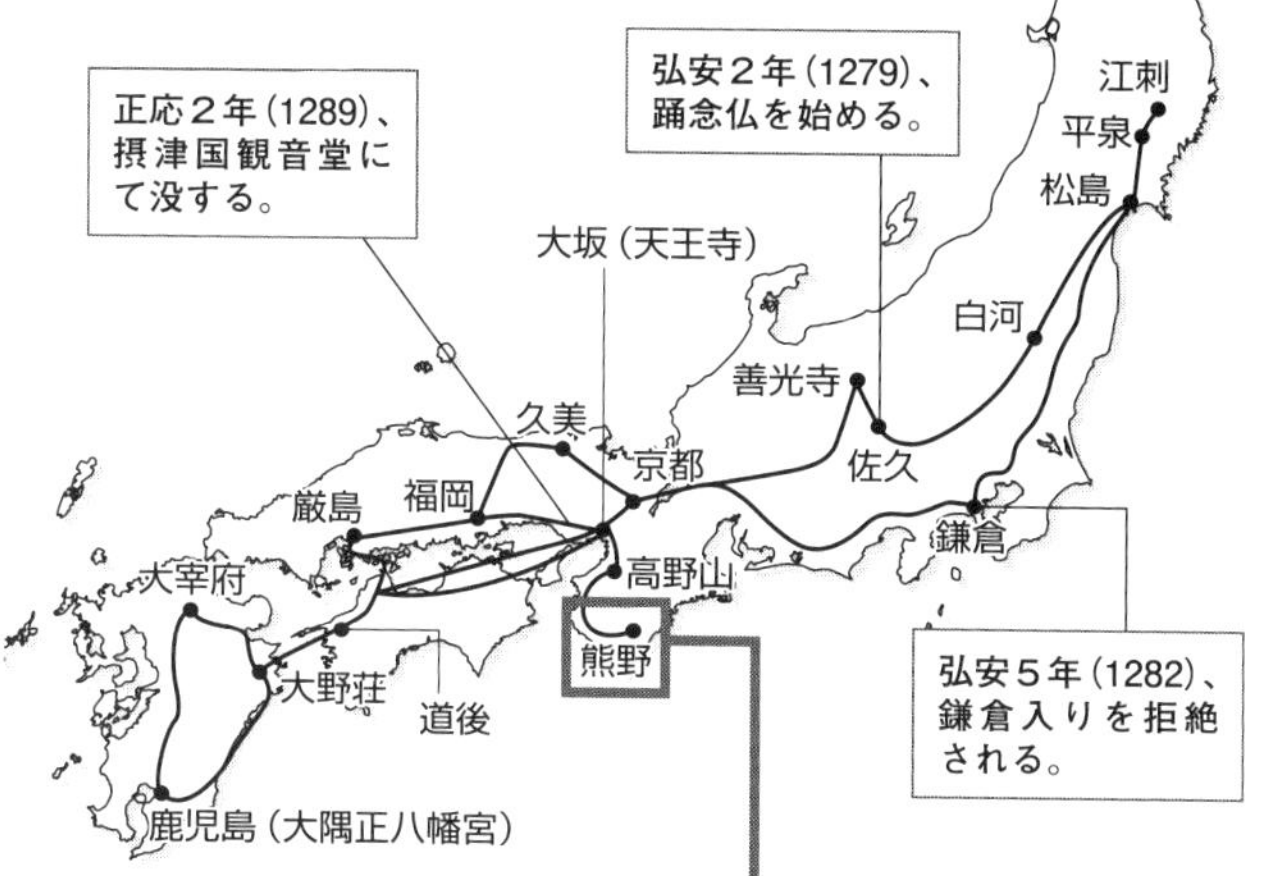

〈一遍が受けた熊野権現のお告げ〉

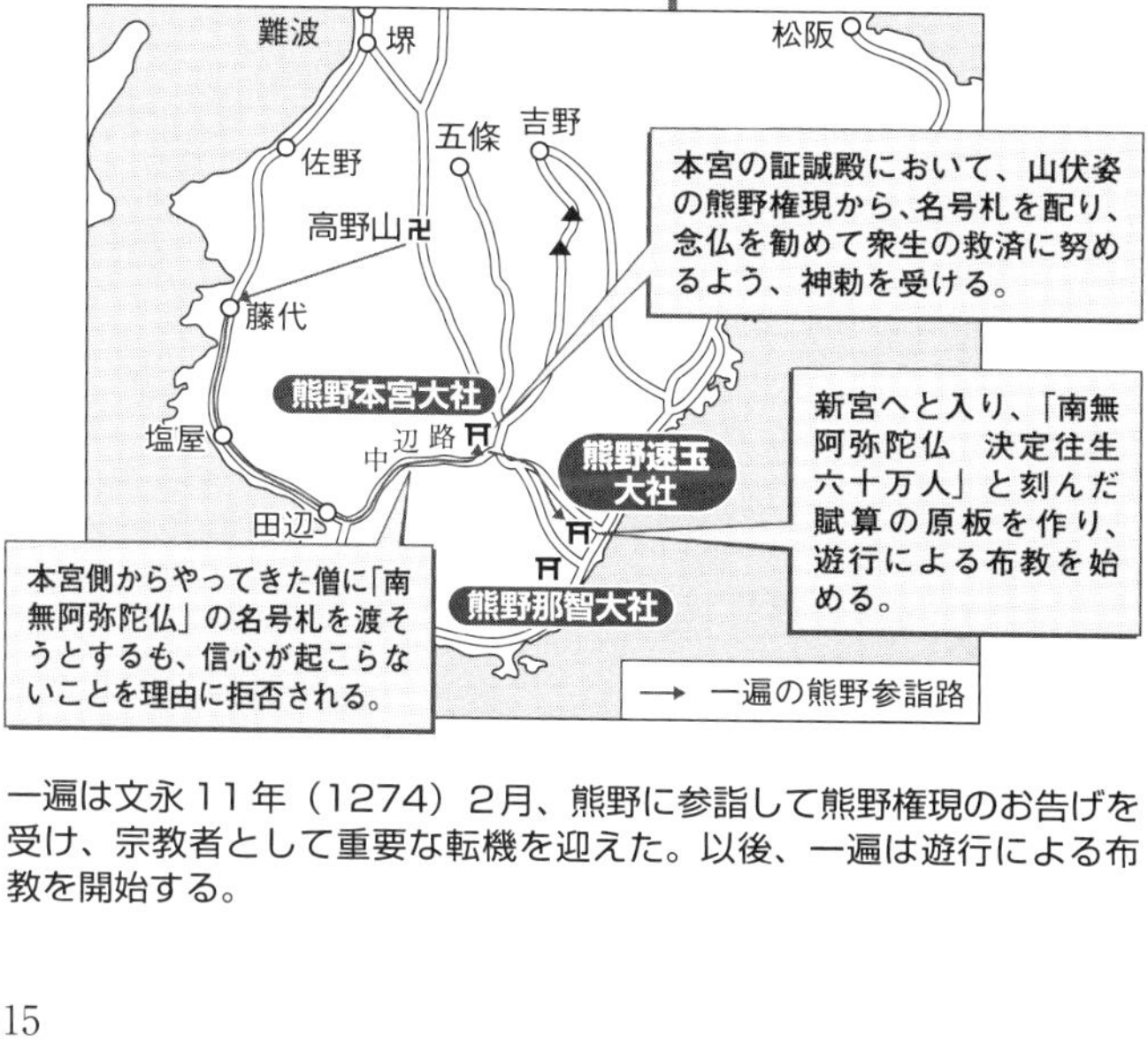

一遍は文永11年（1274）2月、熊野に参詣して熊野権現のお告げを受け、宗教者として重要な転機を迎えた。以後、一遍は遊行による布教を開始する。

が示現《じげん》し、「往生は信・不信、浄・不浄に関わらず定められたものなので、誰にでも区別なく札を配るべし」という神勅《しんちょく》を受けたという。

これにより、一遍は布教に関する迷いから解放され、自らの進むべき道を明確に見出した。以後、名号札を配る賦算《ふさん》の旅を精力的に続け、四国、九州など各地を回って布教に努めた。いつしか、一遍の赴くところでは信心が歓喜と化し、踊念仏《おどりねんぶつ》としてあふれ出すようになったという。

時宗にとって、熊野は信仰の重要な位置を占めるようになり、今に至るまで、時宗管長は就任にあたり熊野本宮に参詣するのが通例となった。

本尊は我が子を思う女御の首

一遍の体験は、託宣の神としての熊野権現の一面をよく示したものだが、それは一遍だけの体験ではなく、ほかにも神託を受けた人は少なくなかったようだ。昼に本宮を訪れた参詣者は、夜に再び参拝する習わしがあり、通夜《つや》に祈りを捧げていると熊野権現よりお告げを授かったといった逸話《いつわ》が数多く残されている。

本宮は阿弥陀仏を本地仏《ほんじぶつ》としていたため、その神託は何より重視された。その本地仏の由来

時宗大本山・清浄光寺

一遍を宗祖とする時宗の大本山の清浄光寺は、遊行上人第４世の他阿呑海により開かれた。

については、『御伽草子《おとぎぞうし》』の「熊野の本地」という物語に見られる。

あるとき、インドの王の女御《にょうご》がほかの后《きさき》たちに嫉妬《しっと》され、山の窟《いわや》で斬殺《ざんさつ》された。その直前に出産した王子は山の虎狼《ころう》に育てられ、首を斬り落とされた女御の乳房からは乳があふれ出したという。

のちにこのことを知った王は、王子を連れ日本の熊野に飛来し、女御の首を本尊として仏道に励んだと伝えられる。

以来、熊野権現は阿弥陀如来の化身となったという。

こうして神仏が一体となったことにより、熊野はより多くの信仰を集めることとなったのである。

第二章 伊勢参りと熊野詣での盛衰

東国の武士

一族結束の精神的支柱となった伊勢と熊野

東国武士に浸透する伊勢信仰

平安後期から鎌倉時代にかけて、神社や仏教などを取り巻く状況は著《いちじる》しい変化を見せていた。そのなかで伊勢神宮は、いち早く東国《とうごく》武士の取り込みに成功している。禰宜《ねぎ》らが武士に神宮の神威《しんい》を説き、寄進《きしん》を勧めて回ったため、源 義国《みなもとのよしくに》による下野国簗田《しもつけのくにやなだ》御厨《みくりや》、平 景正《たいらのかげまさ》による相模国大庭《さがみのくにおおば》御厨など、領地の寄進が相次ぎ、御厨に天照大神を祀る神明《しんめい》社《しゃ》も設けられた。

鎌倉幕府を開いた源頼朝《よりとも》は信仰心の篤《あつ》い人物としても知られるが、伊勢の度会《わたらい》氏の水軍が侮《あなど》りがたい力を持つこともあり、伊勢に関心を寄せていた。頼朝は、接近してきた権禰宜《ごんねぎ》の度会氏らを祈祷師《きとうし》として近侍《きんじ》させ、自らも武蔵《むさし》、安房《あわ》の御厨を献上して伊勢を信仰する一方、神宮への年貢納入などを諸国に厳命して保護している。また、和田義盛《わだよしもり》が禰宜の娘と結婚するなど、武士が神人と縁戚を結ぶ例も少なくなかった。

伊勢信仰が、頼朝を筆頭とする武士層、とくに支配層の上級武士に浸透した背景には、武士

中世武士と伊勢・熊野

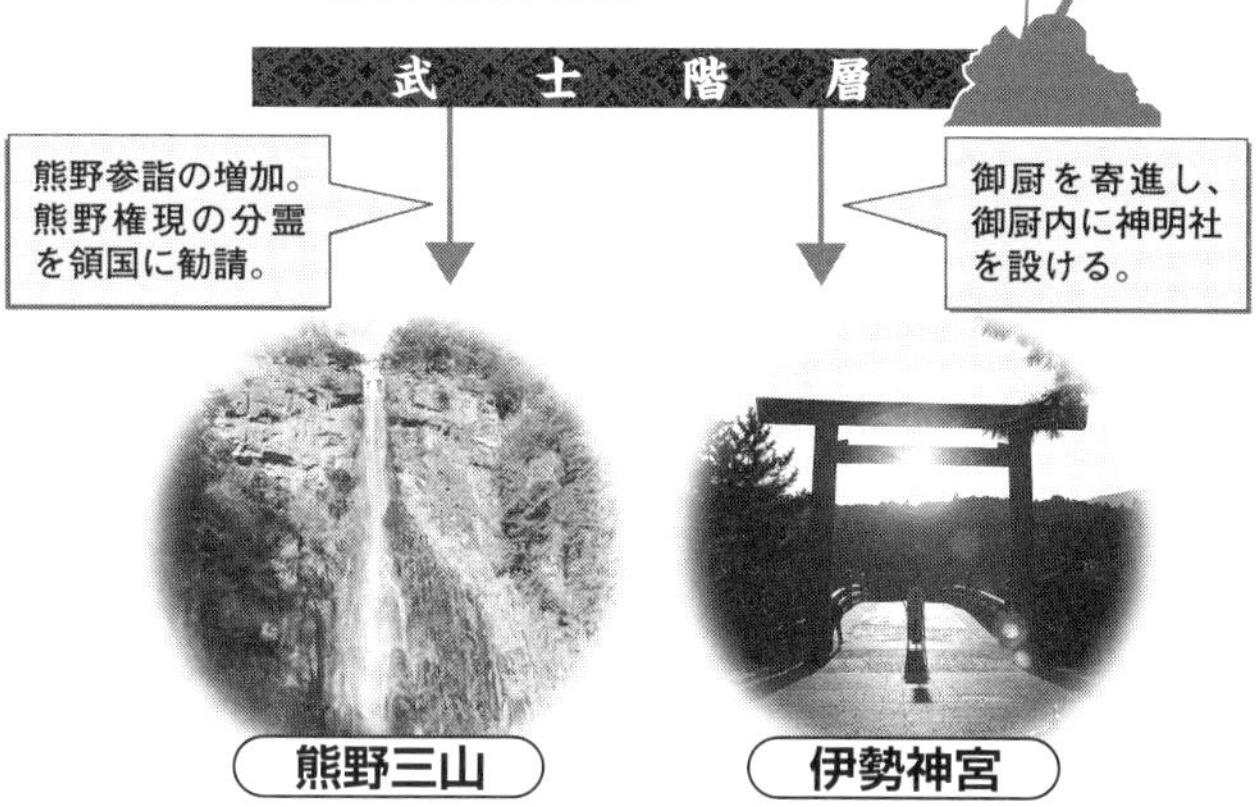
武士階層
熊野参詣の増加。
熊野権現の分霊
を領国に勧請。
御厨を寄進し、
御厨内に神明社
を設ける。
熊野三山
伊勢神宮

中世に入り、武士たちが力を持ち始めると、伊勢も熊野もこの新興階層を取り込もうとした。結果、両者は武士の信仰を集め、その寄進などにより潤うこととなった。

神社の数と種類

(神社本庁調べ)

種　類	祭　　神	神社数
神明神社	天照大神	約 5400 社
八坂神社	須佐之男命	約 2900 社
金毘羅宮 琴平神社	大物主神	約 1900 社
諏訪大社 諏訪神社	建御名方神、八坂刀売神	約 5700 社
春日大社 春日神社	建御雷命、経津主命など	約 3100 社
熊野神社	須佐之男命、伊邪那岐命など	約 3300 社
稲荷神社	宇迦之御魂神	約 19800 社
八幡宮 八幡神社	応神天皇、神功皇后	約 14800 社
天満宮 天神社	菅原道真	約 10300 社
住吉大社 住吉神社	筒之男三神	約 2100 社
恵比寿様	蛭子神、事代主神	約 1500 社

はそれまでの伝統的な貴族社会とは異なる新しい秩序を作り出したものの、封建領主として実質的に支配していくためには、やはり、天皇を頂点とする貴族層の伝統的権威を必要とせざるを得なかったという事情もある。

熊野参詣の主流となった中流武士

熊野では、承久《じょうきゅう》三年（一二二一）の承久の変において田辺別当家が朝廷側に加担して敗れて以降、上皇や貴族の参詣が激減し、鎌倉時代半ばからは武士の参詣が顕著になる。

武士に熊野信仰を広めたのは御師《おし》である。武士の台頭に目を付けた御師たちは、平安時代末期には南奥羽《みなみおうう》地方にまで布教に回り、武士と契約状を交わすなど連携している。その成果は、まず、奥州《おうしゅう》藤原氏を初めとした東国の武士による熊野権現の勧請《かんじょう》として現われた。武士が熊野信仰を受け入れたのには、熊野権現がもともと貴族層に広く信仰されていたことに加え、阿《あ》弥陀《みだ》や観音《かんのん》による死者供養《くよう》、種々の現世利益《げんせりやく》などが、武士の要求に合致していたという理由が挙げられる。

とくに、東国の武士は惣領《そうりょう》を中心に一族が強く結束していたため、同族結合の精神的支柱として、中央で信仰されていた熊野神が祀られたといわれている。

日本三熊野

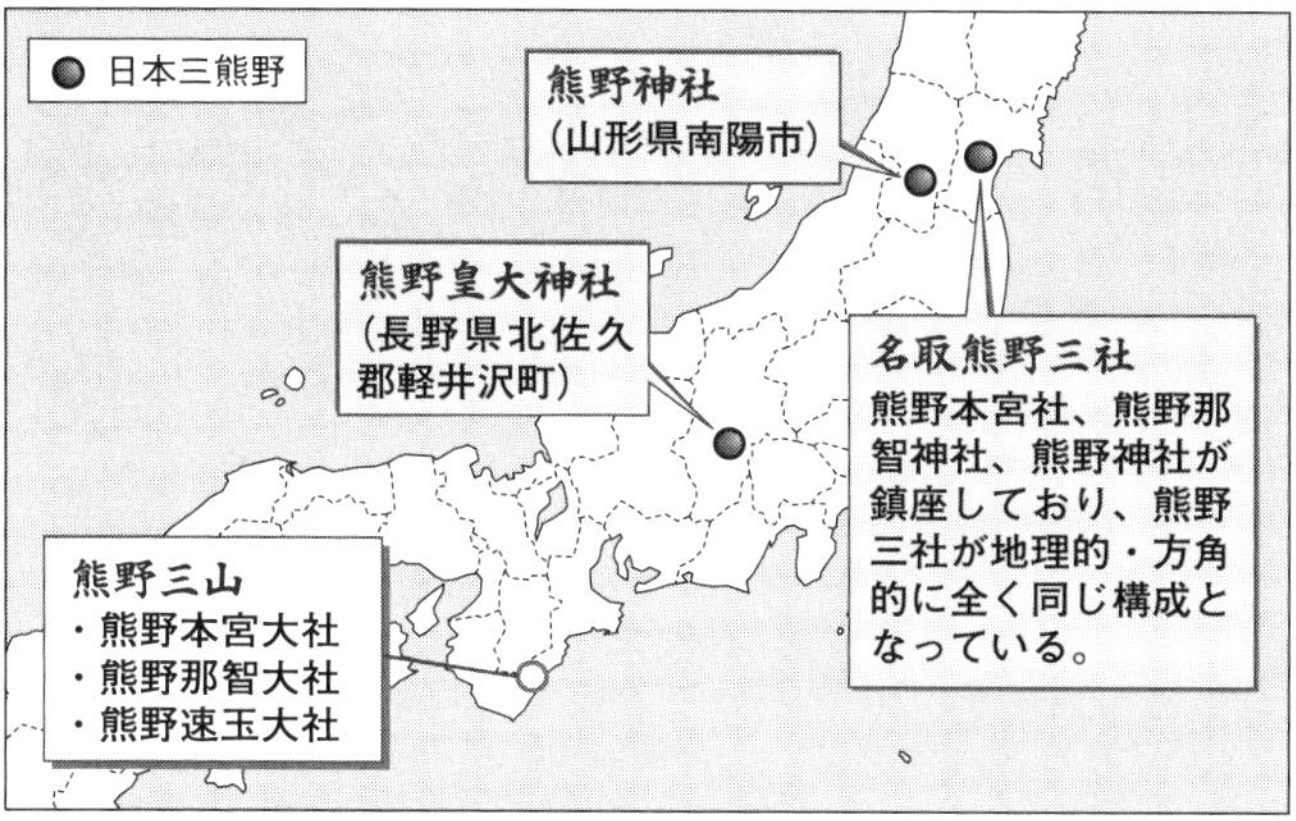

中世、武士たちの勧請によって熊野信仰は全国へと広がり、現在では全国津々浦々に熊野神社が鎮座している。

こうした武士の熊野信仰は、参詣という形で具現化される。

承久の変ののち、東国、西国を問わず、武士の熊野詣でが増加した。熱心な信仰者が多く、生涯に複数回参詣したり、子孫に継承される例も見られた。

なかでも熱心に熊野を参詣したのが、地頭《じとう》クラスの中流武士である。彼らは地主、領主として経済力に恵まれ、旅に必要となる資金を自ら賄《まかな》うことができた。

その経済力が、遠隔地からの熊野詣でを可能にしたのである。

一方、庶民層には、参詣ができるだけの経済力を持つ者はまだ少なく、この時代は武士の熊野詣でが目立つ形となった。

源平合戦

武家の棟梁をめぐる争いを左右した熊野の水軍

壇ノ浦の戦いを勝利に導いた熊野水軍

平氏《へいし》の滅亡を決定した「壇ノ浦《だんのうら》の戦い」。この有名な海戦で源氏《げんじ》に大勝をもたらしたのは、古代から熊野を根拠地にしてきた者たちの力であった。

平安時代末期、武家政権として平氏が台頭してくると、伊勢・熊野にもその影響が見られるようになった。

伊勢は、もともと平維衡《たいらのこれひら》以来の伊勢平氏の本貫地《ほんがんち》であり、伊勢湾で組織された水軍は、平清盛《きよもり》の時代までは熊野の海民や北九州・松浦《まつら》の水軍と連合し、西日本の制海権を支配する存在だった。

やがて平清盛の支配が強圧的になってくると、熊野でそれに反旗《はんき》を翻《ひるがえ》す者が出現した。第二十一代熊野別当の湛増《たんぞう》は、平氏に反発している海民たちを熊野三山の名のもとにまとめ上げ、熊野水軍を組織した。

寿永《じゅえい》四年（一一八五）、屋島《やしま》の合戦を終えた源義経《よしつね》の軍に、湛増率いる熊野水軍が合流した。

そして、同年三月の壇ノ浦の戦いに、二千人余りの手兵《しゅへい》を乗せた二百余艘の兵船を投入した。この熊野水軍の船には、若王子《わかおうじ》の御正体《みしょうたい》が乗せられ、金剛童子《こんごうどうじ》の御姿が描かれた旗が立てられていたので、源平の両軍が拝んだが、船が源氏方に向かったため、平氏側が落胆したという話もある。源氏軍の精神的な支柱としても機能したのだ。

さらに源氏側に、瀬戸内海で最有力とされた、河野通信《こうのみちのぶ》率いる三島《みしま》水軍の兵船百五十艘も合流し、壇ノ浦の戦いの口火は切られた。『吾妻鏡』によると、戦いに参加した源氏の船数は八

熊野別当系図

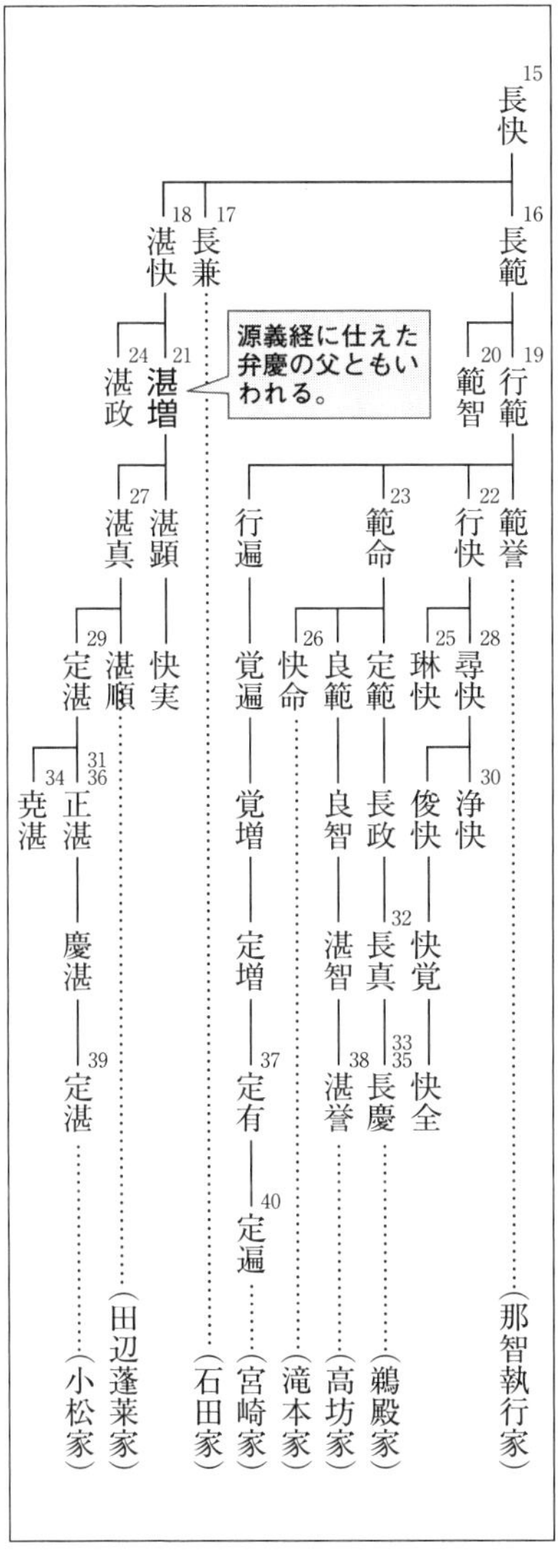
15 長快
16 長範
17 長兼
18 湛快
19 行範
20 範智
21 湛増
24 湛政
源義経に仕えた弁慶の父ともいわれる。
範誉
22 行快
23 範命
行遍
湛顕
27 湛真
28 尋快
25 琳快
定範
良範
26 快命
覚遍
快実
湛順
29 定湛
30 浄快
俊快
長政
良智
覚増
31 36 正湛
34 尭湛
快覚
32 長真
湛智
定増
慶湛
快全
33 35 長慶
38 湛誉
37 定有
39 定湛
40 定遍
（那智執行家）
（鵜殿家）
（高坊家）
（滝本家）
（宮崎家）
（石田家）
（田辺蓬莱家）
（小松家）

百四十艘、かたや平氏の船は五百艘だった。源氏のほうが数は多いが、いかんせん海戦は苦手としていた。そうすると、おのずと源氏の主力は熊野と三島の水軍となった。

平氏側にも松浦水軍や阿波《あわ》水軍がいて、当初は平氏優位に戦が進んだが、潮目《しおめ》が変わったことから戦局は源氏に傾き、その後、安徳《あんとく》天皇が入水し、総大将の平宗盛《むねもり》が捕らえられると、壇ノ浦の戦いは源氏の勝利に終わった。

これにより武家社会が到来したのである。

源平の運命を分けた闘鶏勝負

源氏の勝利の要因は、熊野水軍を味方に付けられたことだという説もある。『平家物語』「壇ノ浦合戦の事」の冒頭には、源平の両陣営がそれぞれ熊野水軍に自軍に参戦するよう要請する話がある。

どちらに付くか迷った湛増が、新熊野社（現・闘鶏《とうけい》神社）において紅鶏《こうけい》と白鶏《はっけい》を戦わせ、源氏側に付けとの神託を得たという。

なお、熊野別当の湛増は源義経《よしつね》に仕えた武蔵坊弁慶《むさしぼうべんけい》の父親であるという説も存在するが、あくまで伝説の域を出ず、真偽のほどは怪しい。

紀州における平家勢力図

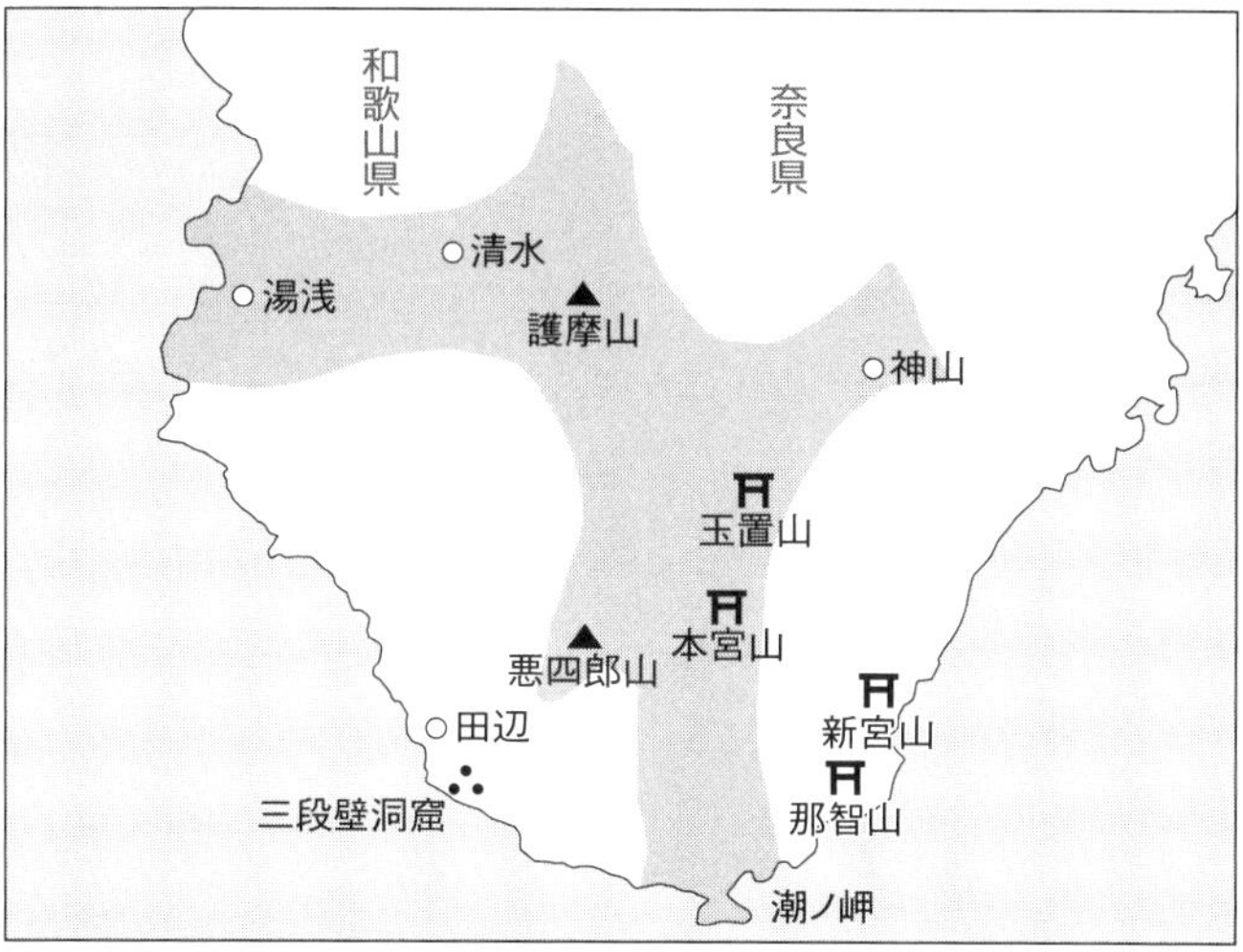

熊野地方では早くから平家の勢力が浸透していた。平治の乱も平清盛が熊野参詣中に勃発している。

三段壁

白浜の海沿いにある三段壁。この地にある洞窟は、熊野水軍が船隠し場として利用したと伝わる。

第二章
伊勢参りと熊野詣での盛衰

乱世の世

次々と入れ替わる武家政権に聖地はいかに対応したか

時代に翻弄された伊勢神宮

鎌倉幕府が倒れて以降の戦乱の世を通じて、伊勢は、その時代の支配者により立場をさまざまに変えていくこととなる。

鎌倉幕府を打倒した建武《けんむ》の新政《しんせい》ののち、朝廷は、後醍醐《ごだいご》天皇を中心とした公家《くげ》政権の南朝《なんちょう》と、足利尊氏《あしかがたかうじ》の武家政権である北朝《ほくちょう》に分裂した。

伊勢神宮は皇室と縁が深く、さらに、伊勢に下ってきた南朝の重臣、北畠親房《きたばたけちかふさ》の存在もあって、主に南朝方に付いた。当時の伊勢神宮の神官は、宗教家の顔だけではなく、非常時には僧兵のように武器を手にして戦う、武力集団の性質も持っていた。正平《しょうへい》三年（一三四八）、伊勢神宮の軍は尾張《おわり》の知多《ちた》半島に上陸し、北朝の軍と一戦を交えたが敗れた。これにより、神宮内部での南朝の勢力は衰えることとなった。

室町時代から戦国時代にかけては動乱の時代であり、伊勢神宮の勢力も衰え、百二十年余りの間、式年遷宮《しきねんせんぐう》が中止されていた。

南北朝の動乱と伊勢・熊野

吉野の南朝方行宮址

男山八幡
四條畷
笠置山
阿倍野
住吉
石津
和田
観心寺
千早城
金剛寺
吉野
賀名生
高野山
神官たちは南朝に加担し、北畠顕家らをかくまう一方で、積極的に募兵を行なった。
伊勢神宮
熊野水軍は南朝方に付いて活躍。懐良親王を薩摩へ送るなど貢献した。
熊野三山
南朝方行宮
主要戦場

南北朝の動乱において、天皇家と縁の深い伊勢、南朝の行宮が置かれた吉野と関係の深い熊野は、ともに南朝方に加担した。

その後、織田信長《おだのぶなが》が台頭《たいとう》してきた頃、式年遷宮も復活する。神宮側は当初、遷宮の費用を民衆からの勧進《かんじん》で賄《まかな》う予定でいたが、信長は、その必要がないほど多額の寄進をした。勧進活動により民衆と神宮が直接強く結び付き、宗教の権威によって封建支配が混乱することを、信長は懸念《けねん》したと見られる。

多額の寄進の一方で、信長は、神宮の領地に対し、ほかの社寺と同様の厳しい検地《けんち》を行ない、伊勢神宮は武家政権の支配下に置かれた。このやり方は、信長から豊臣秀吉《とよとみひでよし》、徳川家康《とくがわいえやす》へと受け継がれ、伊勢は、その庇護《ひご》のもと、官社としての勢力を取り戻していった。

堀内氏による熊野の支配と衰退

一方、室町時代の熊野では、畠山《はたけやま》一族が内紛に明け暮れていた。やがて、畠山氏の配下にあった堀内《ほりのうち》氏が台頭し、戦国期から安土桃山時代にかけて熊野一帯を支配した。

その後、天正《てんしょう》十三年（一五八五）に、秀吉による紀州《きしゅう》攻《ぜ》めが行なわれる。このとき紀州を支配していた勢力は、徹底抗戦する者と恭順《きょうじゅん》する者に分かれた。熊野水軍を擁する堀内氏善《うじよし》は、秀吉に臣従《しんじゅう》する道を選び、のちに熊野の新宮を中心に二万七千石を与えられ、ほかの在地領主を統括する存在となった。

九鬼氏系図

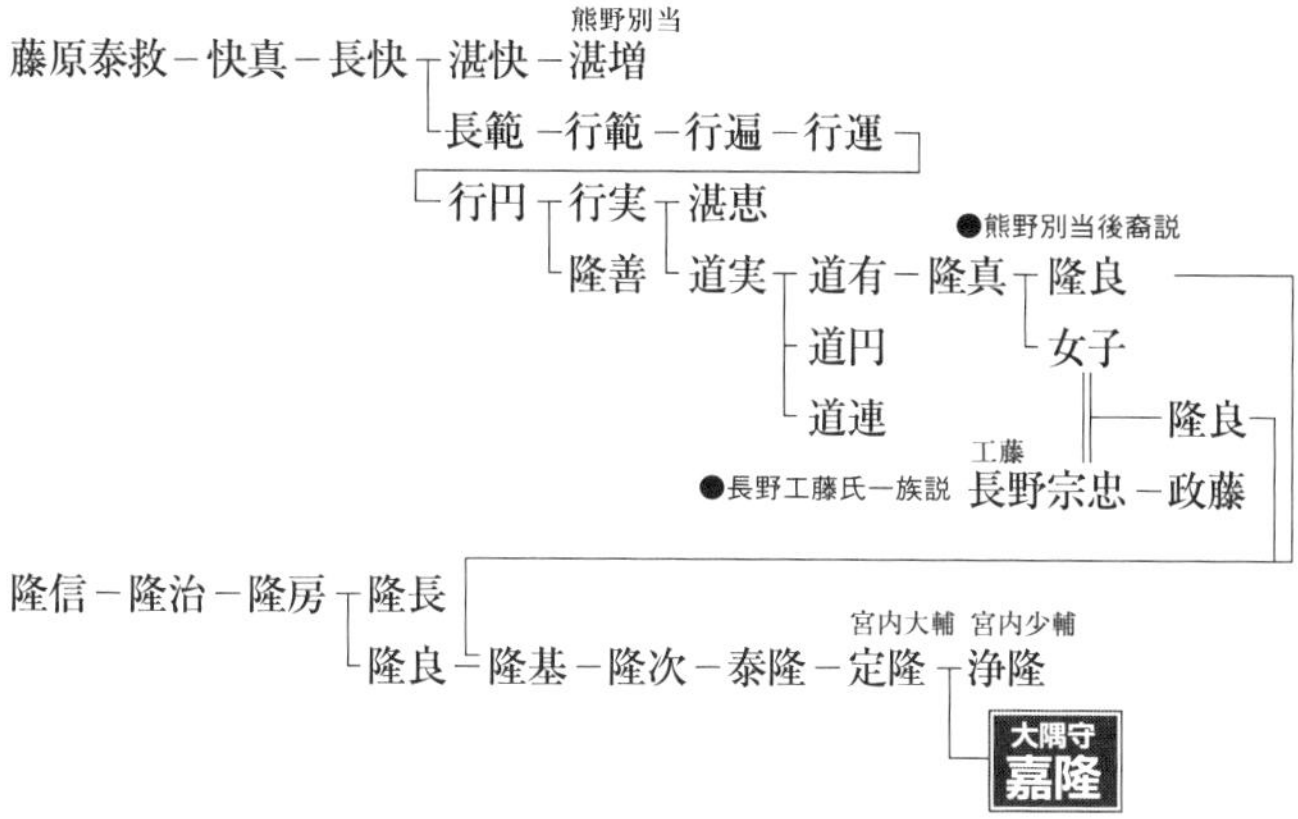

志摩を支配した戦国武将九鬼氏は、熊野別当の家系に連なる大名である。嘉隆の代に至り織田信長の傘下に加わり、水軍を率いて活躍した。

秀吉は、木材供給地として熊野を重要視していた。熊野で産出する熊野材は、方広寺《ほうこうじ》大仏殿の造営や、頻発する各地の築城工事の建築資材として利用された。

秀吉配下となった堀内氏善は、秀吉の四国平定や後北条《ごほうじょう》氏攻め、朝鮮出兵に際しても、熊野水軍を率いて参戦し、武功を重ねた。だが、慶長《けいちょう》五年（一六〇〇）の関ヶ原《せきがはら》の戦いでは西軍に加担して家康の東軍に敗れた。

関ヶ原の戦いののち、紀伊国へは新たに浅野《あさの》幸長《ゆきなが》が国守として入国した。幸長は、慶長十五年（一六一〇）に名古屋城を普請《ふしん》した際、海運で貢献した熊野の漁民に褒美《ほうび》を与えたり、伝馬《てんま》船《せん》の許可を与えたりしたこともあり、熊野の人々はこれを受け入れた。

第二章
伊勢参りと熊野詣での盛衰

信仰の盛衰

十六世紀、伊勢参りに参拝客を奪われた熊野詣で

伊勢の御師制度と熊野の神道化

奈良時代、熊野は修験道の聖地として知られ、多くの修験者が修行に励んでいた。平安時代から室町時代にかけて、熊野信仰は隆盛し、歴代の上皇らによる度重なる熊野行幸が行なわれた。十五世紀の室町末期には一般民衆による熊野詣でが盛んとなり、その様子は「蟻《あり》の熊野詣で」と呼ばれるほどであった。

一般大衆の間で熊野詣でが盛んとなった理由としては、参拝者を熊野まで導くための先達《せんだつ》、御師のしくみがいち早く整備されたことが挙げられる。先達が各地で参拝者を誘致し、熊野へと引率し、これを御師が引き受け、宿泊や参詣の世話をするという段取りだ。

しかし十六世紀に入ると、熊野詣ではしだいに衰退していき、これに反比例するように、伊勢参りが盛んとなる。

これは、立地面で伊勢のほうが参詣しやすかったこと、伊勢でも御師の制度を取り入れたことなどが、要因の一つとして挙げられるだろう。また、紀伊藩の方針で熊野の神道化が進んだ

大門坂

世界遺産に指定された熊野古道の大門坂。伊勢参詣が今も根強い人気を誇る一方、熊野は世界遺産に指定され、多くの観光客で賑わいを見せる。

ことで、寺を拠点に勧進や布教に携わってきた勧進比丘尼《びくに》らの活動が低調化したことも見逃せない。

とはいえ、熊野信仰はそのまま途絶えたわけではなかった。江戸時代には、一般民衆による西国三十三所観音巡りに取り込まれる形で、熊野詣では続いた。しかし、明治維新後、祭政一致政策のもとに神仏分離が進められると、仏が日本の神々に化身しているとする本地垂迹説を取り入れていた熊野への参詣者は激減することとなった。

一方、伊勢参りは、時代を経るにつれ盛況となった。とくに江戸時代には、「お蔭参り《かげまい》」「抜け参り《ぬけまい》」などの社会現象が起こるほど、庶民の間に広く信仰が行き渡った。

第二章
伊勢参りと熊野詣での盛衰

東海道と伊勢参り

「弥次喜多」の道中記で知られた江戸時代の幹線道

当時の旅は早朝の出発が常識

江戸時代、関東から伊勢参りをする人々は、東海道《とうかいどう》を使うのが一般的だった。江戸から各地へ延びる五街道《ごかいどう》のなかでも、京都、大坂へとつながる東海道は最も交通量が多く、早くから宿場が発達した。旅館や伝馬《てんま》など、街道沿いの宿場におけるサービスの充実ぶりは、日本を訪れた外国人にも驚きの目で見られたようで、江戸時代の日本は、世界でも有数の「旅行大国」だったといえる。

当時の庶民による旅行の様子は、文芸作品によっても知ることができる。その代表作ともいえるのが、文化《ぶんか》七年（一八一〇）から刊行された十返舎一九《じっぺんしゃいっく》の『東海道中膝栗毛《とうかいどうちゅうひざくりげ》』で、江戸の下町、神田八丁堀《かんだはっちょうぼり》の住人である弥次郎兵衛《やじろべえ》と喜多八《きたはち》が伊勢参りを思い立ち、いたずらや失敗を繰り返しながら東海道を旅する道中が、面白おかしく描かれている。

当時の旅は、朝は早めに出発し、日の暮れる前には次の宿にたどり着くようにするのが一般的だった。俗謡《ぞくよう》に「お江《え》戸《ど》日《に》本橋《ほんばし》七《なな》つ立《だ》ち」とあるように、初日の朝は午前四時頃には出発していたようだ。一日に進む標準的な距離は、男性で十里《り》（約四十キロメートル）、女性で六里（約二十三キロメートル）程度だったと見られる。『東海道中膝栗毛』の弥次喜多コンビは、江戸から伊勢までの約四百キロメートルに十泊十一日を費やし、その途中、戸塚《とつか》、小田原《おだわら》、三島《みしま》、蒲原《かんばら》、府中《ふちゅう》、岡部《おかべ》、浜松《はままつ》、赤坂《あかさか》、宮《みや》、四日市《よっかいち》の各所で宿泊している。

本陣から木賃宿まで、旅館の種類はさまざま

旅行者の泊まる宿は、いくつかのグレードに分かれていた。参勤交代《さんきんこうたい》の大名《だいみょう》や旗本《はたもと》、幕府役人らの宿泊所として指定されていたのが本陣《ほんじん》で、地元の有力者の居宅などがあてられた。宿としては最も格式が高かったが、一般客の宿泊は原則として認められていなかった。本陣に次ぐ格式の宿としては脇本陣《わきほんじん》があり、複数の大名が一つの宿場で鉢合わせした場合は、格の低いほうが脇本陣を利用した。一種の予備的施設といえるが、脇本陣については一般旅行者の利用も認められていた。

一般の武士や庶民には、食事付きの宿である旅籠《はたご》が広く利用された。宿泊代は二百文《もん》から三百文程度で、一組の旅行者に一部屋が提供されるのが普通だったが、混雑時には相部屋の場合もあり、女性旅行者には悩みの種となったという。旅籠には、給仕役の女性従業員として飯盛《めしもり》

女《おんな》が置かれたが、宿同士のサービス競争などに伴い、売春婦へと変化する例が少なくなかった。こうした性的サービスの存在を嫌う旅行者もいたので、飯盛女を置かない旅籠を「平《ひら》旅籠」と呼んで区別することもあった。

旅籠よりさらに簡素な宿としては木賃宿《きちんやど》があった。ここでは自炊が原則で、宿泊者は米などの食料を持ち込み、燃料代（木賃）を支払い、共同で料理をした。弥次喜多の二人は、窃盗《せっとう》被害に遭《あ》い無一文となった蒲原で木賃宿を利用しているが、食料を持参しなかったため、他人の食事を空腹状態でただ眺めるだけという辛い経験をしている。

箱根八里は馬でも越すが、越すに越されぬ大井川

江戸時代の庶民は基本的に自由に国内を移動でき、在地の土豪《どごう》らが設けた私的な関所《せきしょ》も、織田信長の時代に撤廃されていた。ただし、治安上の理由により、街道の要所には関所が設けられ、人や物資の出入りが監視された。東海道では箱根《はこね》と新居《あらい》に関所があり、とくに箱根の関所は、「入《い》り鉄砲《でっぽう》に出女《でおんな》」といわれたように、江戸に持ち込まれる武器類と、江戸から地方に出る女性について厳しく目を光らせていた。

関所を通過する際に、旅行者は関所手形《てがた》の提出を求められた。一般庶民の場合、関所手形は

大家《おおや》や名主《なぬし》が発行した。このほか、旅行者には往来《おうらい》手形の所持も義務付けられていた。これは、旅行中に常時携帯する一種の身分証明書で、檀家《だんか》制度が定着した以降は檀那寺《だんなでら》が発行するのが一般的だった。住所氏名のほか、旅の目的、寺の壇家であることを保証する旨などが記されていた。弥次喜多の二人も、溜まっていた家賃を大家に支払い、布施《ふせ》として百文を檀那寺に渡して、この二種類の手形を発行してもらっている。

こうして無事に箱根の関所を通過できた暁《あかつき》には、「山祝い」と称して祝杯を上げるのが、当時の旅の習わしだったという。

箱根の関所と並ぶ東海道の難所が、駿河《するが》と遠江《とおとうみ》の国境にある大井川《おおいがわ》の渡《わた》しだった。当時の大井川は、流れが速いうえに、天候によって川筋や水量が大きく変わったため、橋を架けることも、渡り船を出すことも難しかった。そこで、両岸の金谷《かなや》、島田《しまだ》の、合わせて約七百名の川越人夫《かわごしにんぷ》が、肩車《かたぐるま》や輦台《れんだい》（担《かつ》ぎ棒《ぼう》の付いた台）で対岸に人馬や荷物を運んだ。

渡し賃は川の水位により変動し、輦台による渡しは肩車より割高となった。また、通常の水位とされた二尺《しゃく》五寸《すん》より一尺上昇すると馬を運ぶのが中止され、さらに一尺上昇して四尺五寸（約百三十六センチメートル）になると川止めとなり、人を運ぶのも中止された。ただし、幕府の公用文書は例外で、三十人ほどでチームを組んで必死に運んだという。

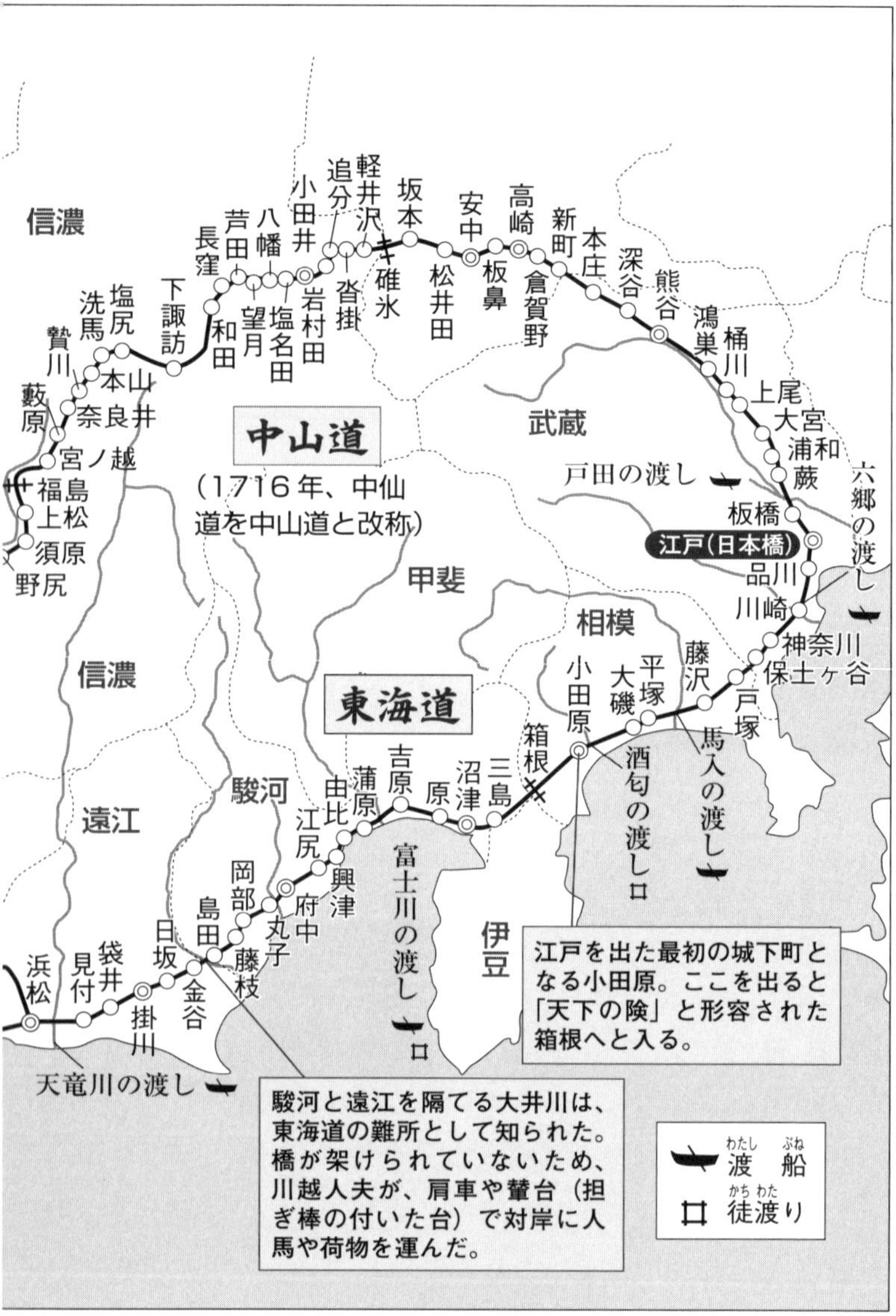
中山道
(1716年、中仙道を中山道と改称)
東海道
信濃
武蔵
甲斐
相模
信濃
駿河
遠江
伊豆
軽井沢
追分
小田井
八幡
芦田
長窪
坂本
安中
高崎
新町
本庄
深谷
熊谷
鴻巣
桶川
上尾
大宮
浦和
蕨
板橋
江戸(日本橋)
下諏訪
塩尻
洗馬
贄川
本山
奈良井
藪原
宮ノ越
福島
上松
須原
野尻
和田
望月
塩名田
岩村田
沓掛
碓氷
松井田
板鼻
倉賀野
戸田の渡し
六郷の渡し
品川
川崎
神奈川
保土ヶ谷
戸塚
藤沢
平塚
大磯
小田原
箱根
三島
沼津
原
吉原
蒲原
由比
江尻
興津
府中
丸子
岡部
藤枝
島田
金谷
日坂
掛川
袋井
見付
浜松
天竜川の渡し
富士川の渡し
酒匂の渡し
馬入の渡し
江戸を出た最初の城下町となる小田原。ここを出ると「天下の険」と形容された箱根へと入る。
駿河と遠江を隔てる大井川は、東海道の難所として知られた。橋が架けられていないため、川越人夫が、肩車や輦台(担ぎ棒の付いた台)で対岸に人馬や荷物を運んだ。
渡《わたし》船《ぶね》
徒渡《かちわた》り

伊勢への旅

○ 宿駅
◎ 城下町（城持・陣屋）
‡ 関所
東海道最大の宿場町「宮宿」。熱田神宮が鎮座するこの宿場は、桑名宿と七里の渡しで結ばれていた。
伊勢への分岐は「日永の追分」。東海道五十三次の四日市宿と石薬師宿の間の宿であり、旅籠や茶店が並んでいた。
美濃
近江
琵琶湖
三河
山城
伊賀
大和
河内
伊勢
美濃路
佐屋路
本坂道
（姫街道、本坂通）
伊勢参宮街道
伊勢神宮
七里の渡し（海路）
三里の渡し
今切の渡し
大坂
守口
枚方
淀
伏見
京都（三条大橋）
大津
草津
守山
武佐
愛知川
高宮
番場
醒ヶ井
鳥居本
柏原
今須
関ヶ原
垂井
大垣
赤坂
美江寺
河渡
加納
鵜沼
太田
伏見
御嶽
細久手
大湫
大井
中津川
落合
馬籠
妻籠
三留野
石部
水口
土山
坂下
関
亀山
庄野
石薬師
四日市
桑名
名古屋
宮（熱田）
鳴海
池鯉鮒
岡崎
藤川
赤坂
御油
吉田
二川
白須賀
新居
舞坂

伊勢参りのあとも旅を続けた庶民

大井川を越え、浜松、吉田《よしだ》、岡崎《おかざき》などを経て、東海道でも最大級の宿場である宮（熱田神宮《あつたじんぐう》）へ到達すると、京都までの経路はいくつかに分かれる。そのひとつが宮から海上を船で桑名《くわな》へ向かう「七里の渡し」で、約四時間の船旅となる。ほかに、船で四日市まで行く「十里の渡し」や、名古屋から木曽《きそ》街道に出て陸路の旅を続ける経路などもあった。

伊勢参りを目的とする弥次喜多の二人は、四日市の先にある分岐点「日永《ひなが》の追分《おいわけ》」で、東海道から伊勢街道に入り、伊勢神宮を目指すこととなる。

『東海道中膝栗毛』では、伊勢参りを無事に済ませた弥次喜多は、さらに、京都、大坂へと旅を続けるが、これは当時の庶民の一般的な旅行ルートでもあった。物語はここで終わる予定だったが、評判が良かったため、さらに金刀比羅宮《ことひらぐう》、宮島《みやじま》へと旅を続け、帰りは中山道《なかせんどう》に入り、善光寺《ぜんこうじ》、草津《くさつ》温泉といった名所を巡って江戸に帰り、ようやく完結した。

約二十年間にわたり書き継がれた『東海道中膝栗毛』は、庶民が気軽に楽しめる読み物だったと同時に、旅に関する知識や教訓が得られるガイドブックでもあった。

第三章

江戸庶民の伊勢参りと熊野詣で

第三章 江戸庶民の伊勢参りと熊野詣で

江戸幕府の伊勢と熊野

二つの聖地を徳川家はいかに統治したか

紀伊藩主となった南海の竜

江戸時代、伊勢《いせ》と熊野《くまの》はともに紀伊《きい》藩（紀州《きしゅう》藩）の支配下にあった。五十五万五千石の紀伊藩は、紀伊国と伊勢国南部を治める、親藩《しんぱん》最高位の徳川御三家《とくがわごさんけ》の一つである。

元和《げんな》五年（一六一九）、安芸国《あきのくに》へと転封《てんぽう》された浅野家《あさのけ》に替わり、徳川家康《いえやす》の十男であり、「南海の竜」とも称された徳川頼宣《よりのぶ》が、紀伊藩主として入国する。家康は、まだ年若い頼宣に、腹《ふく》心《しん》の幕臣《ばくしん》である安藤帯刀直次《あんどうたてわきなおつぐ》と水野重央《みずのしげなか》を家老《かろう》として付けて、藩政を補佐させた。

紀伊藩の治める領地には、伊勢神宮《いせじんぐう》や熊野三山《くまのさんざん》をはじめ、高野山《こうやさん》や根来寺《ねごろじ》など、広大な寺社地や強い影響力を持つ宗教組織が多くあり、宗教王国といわれていた。また、熊野地方の土豪《どごう》勢力は天正《てんしょう》十六年（一五八八）と元和元年（一六一五）に一揆《いっき》を起こすなど、支配の難しい気風があった。

そこで家康の取った手段が、実子である頼宣を送り込んでの統治だった。藩主となった頼宣は、和歌山城を改修し、城下町を整備した。そして地元の土豪勢力を懐柔《かいじゅう》するために、地士《じし》制度を採用した。地士制度とは、領内の有力者を土着のまま武士として取り立て、苗字帯刀《みょうじたいとう》を許し、地方代官的な権力を与え、領民と藩の間のパイプ役に据《す》えるというもの。頼宣は、これらの政策により紀伊藩の基盤を固めた。

頼宣は、何度か熊野に参詣した記録がある。元和九年（一六二三）に、紀伊藩主として初めて参詣し、寛永《かんえい》六年（一六二九）にも参詣の記録が残っている。

また、伊勢神宮に対しても、神領を寄進したほか、寛永十七年（一六四〇）からの三十年間

近世の熊野信仰

年代	出来事
元和5年（1619）	徳川頼宣が紀伊国と伊勢松坂などを拝領し、紀伊藩主となる。
寛永6年（1629）	徳川頼宣が熊野に参詣する。
延宝3年（1675）	熊野本願寺院、修験道との兼勤を禁止され、以降、熊野三社の修復権が社家側へ移る。
享保元年（1716）	紀伊藩主徳川吉宗が8代将軍となる。
享保6年（1721）	徳川吉宗、熊野三山修理料として2000両を寄進する。
明治元年（1868）	神仏分離令により、三山から堂塔・仏像などが取り除かれ、社僧は還俗して社家神官となる。
明治5年（1872）	修験道廃止令が出され、修験者は真言・天台の僧侶になるか、還俗を強制される。
明治22年（1889）	水害により熊野坐神社が流失し、2年後、現在地に遷座する。

に「七度参り」を達成するなど、信仰心が篤《あつ》かった。

幕府による伊勢・熊野の扱い

伊勢・熊野に関する江戸幕府の政策は、基本的には、織田信長《おだのぶなが》や豊臣秀吉《とよとみひでよし》の行なった政策を踏襲《とうしゅう》するものだった。すなわち、社寺修築等の資金を庶民から募る勧進《かんじん》活動の規制と、領地の制限である。これにより、庶民が寺社勢力と結び付くのを避け、勢力拡大を抑えた。

家康が征夷大将軍《せいいたいしょうぐん》となると、まず、熊野三山の社領を没収し、改めて下付《かふ》するという方法を取った。

さらに、紀伊藩が熊野の神道化《しんとうか》を進めたことで、それまで勧進活動の中心にあった、仏教系の熊野修験者や勧進比丘尼《びくに》の動きが低迷する結果となった。

一方、伊勢神宮は、家康により朱印地《しゅいんち》として所領を安堵《あんど》(所領として承認)されていた。朱印地は、名目上は幕府の公領ながら、租税は免除されており、実質的には寺社領であった。神宮の石高《こくだか》は、家康により安堵されて以来、若干の増加を経て六千石程度だったが、朱印地からの年貢米《ねんぐまい》収入のほかにも、全国の信徒や参詣者からの供米《くまい》や賽銭《さいせん》があり、経済基盤は安定していたと考えられる。

江戸幕府の寺社統制

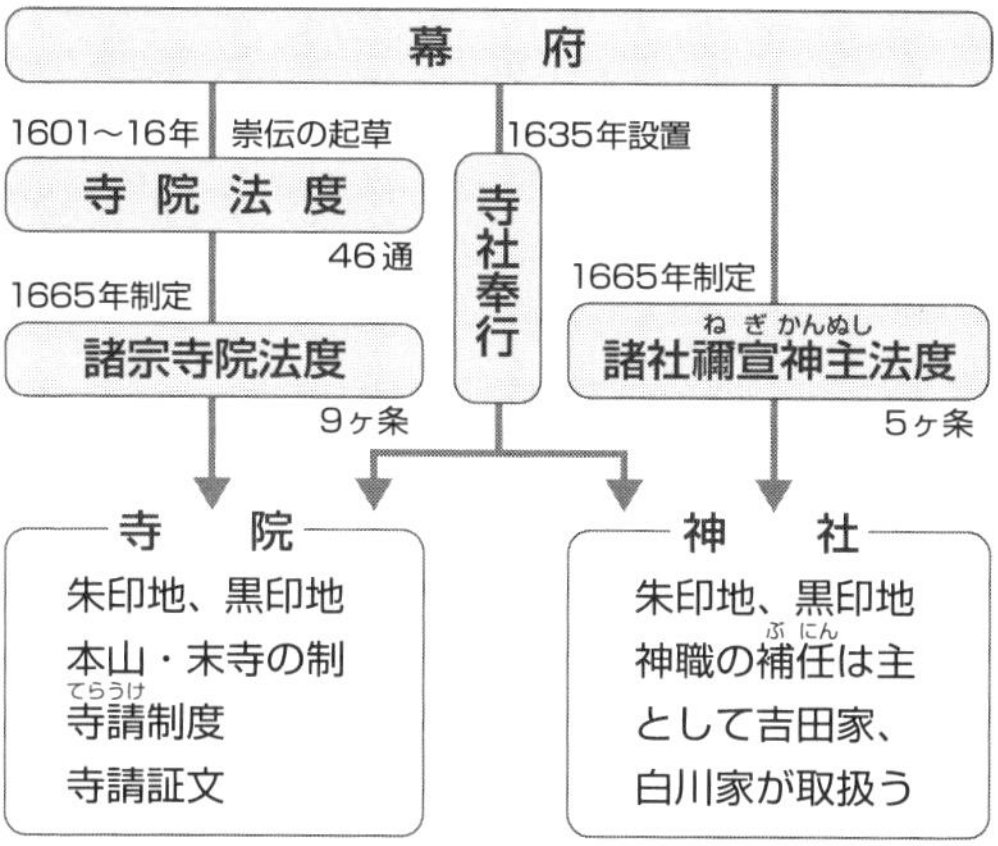

＊朱印地は将軍の朱印状で、黒印地は大名の
黒印状（お墨付き）で認められた土地のこと
（左右とも東京大学出版会『講座日本の歴史 6』など）

全国に存在した寺社領は、戦国時代には諸大名によって侵食されていったが、江戸幕府の統制下に置かれると、朱印地・黒印地として保障されることとなった。

将軍家奉納の刀

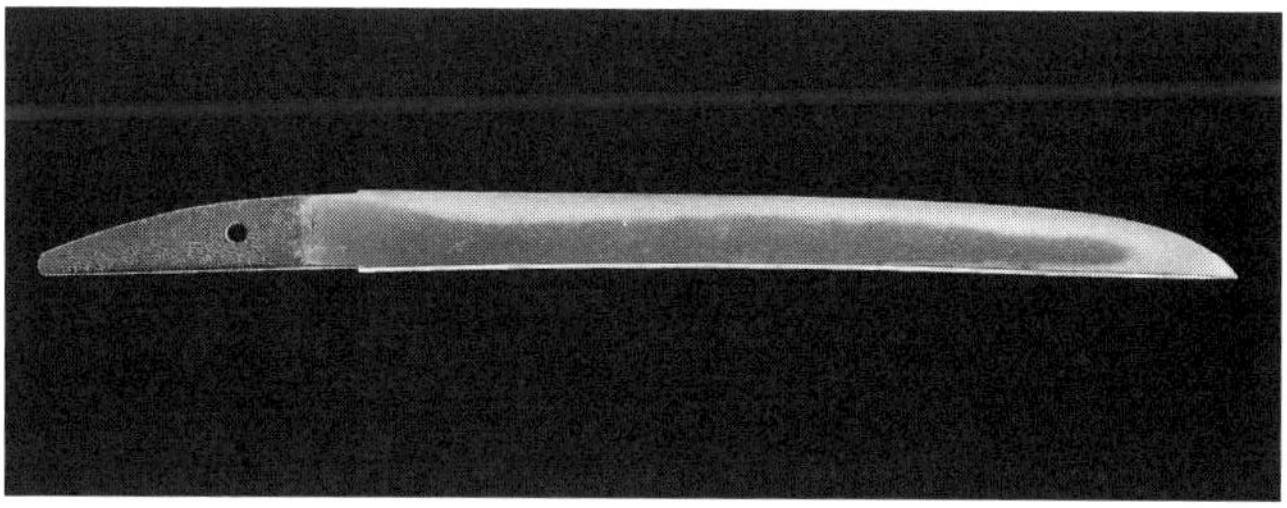

5代将軍綱吉の生母桂昌院によって寄贈された短刀。

第三章 江戸庶民の伊勢参りと熊野詣で

先達と御師

各地で信仰を広める参詣者を誘致するしくみ

熊野で成立した御師の制度

伊勢と熊野に多くの参詣者が集まった背景には、世話人たる先達《せんだつ》や御師《おし》の存在があった。先達と御師の制度は鎌倉時代に熊野で生まれたとされる。それが室町時代に入り、伊勢や他の寺社へと広がっていった。

日本各地に渡《わた》り熊野信仰を広めた熊野修験者《しゅげんしゃ》は、やがて、参詣者（檀那《だんな》）を熊野まで引率する先達へと進化した。熊野までの道のりは長く険しく、道中を熟知した引率者の同伴が必須だった。

また、鎌倉時代から室町時代にかけては、熊野へ向かう途上に、現地の土豪らが設けた関所《せきしょ》が存在し、通過する旅行者から関税を徴収していた。関所は数多くあったため、旅行者にとって関税は重い負担となった。

しかし、常連客ともいえる先達は免税の特権を得ていることが多く、その場合、同伴の参詣者にも免税が適用された。

『熊野那智参詣曼荼羅』

（國學院大學図書館所蔵）

曼荼羅に描かれる人々

熊野詣でに訪れた夫婦。

妙法山に登り、巡礼に出たことを示している。

川の畔で桜を眺めるのは和泉式部。月の障りでも熊野権現から参詣を許されたといわれる。

炎が刻印される大滝の前で修行する文覚上人。死に瀕したとき、ふたりの天童に救われたといわれる。

那智の社堂や伝説、参詣者が描かれる絵図。先達に導かれる白い装束の夫婦の跡を追うことで、参詣の風景をうかがい知ることができる。

なお、伊勢においては先達の制度は見られなかった。これは、伊勢が熊野と違って平地にあり、自力で参詣しやすいという地理的要因によると見られる。

御師は、先達が引率してきた檀那を熊野で引き継ぎ、宿泊や祈祷《きとう》の世話をした。檀那は代々決まった御師の世話になる慣例だったため、檀那の名簿は財産と見なされ、御師の間で売買されることもあった。

伊勢においても、熊野に倣《なら》う形で御師《おんし》の制度が生まれたが、伊勢の場合は、宿泊や祈祷の世話をするだけでなく、御師自身が全国各地に檀那の獲得に赴《おもむ》いた。なお、熊野では御師を「おし」と呼び、伊勢では「おんし」と呼んだ。

室町時代になると、他社に先駆けて活動を始めた熊野の先達、御師らの働きが実を結び、武士はもとより、庶民層にも熊野信仰が広まった。こうして、熊野へ向かう参詣道は「蟻《あり》の熊野詣で」と呼ばれる賑《にぎ》わいを見せることとなった。

顧客の獲得、維持に各地を回った伊勢の御師

盛況であった熊野詣でも、江戸時代に入ると、幕府や紀伊藩の締め付けもあって衰退を見せ始めた。

伊勢・熊野の御師のしくみ

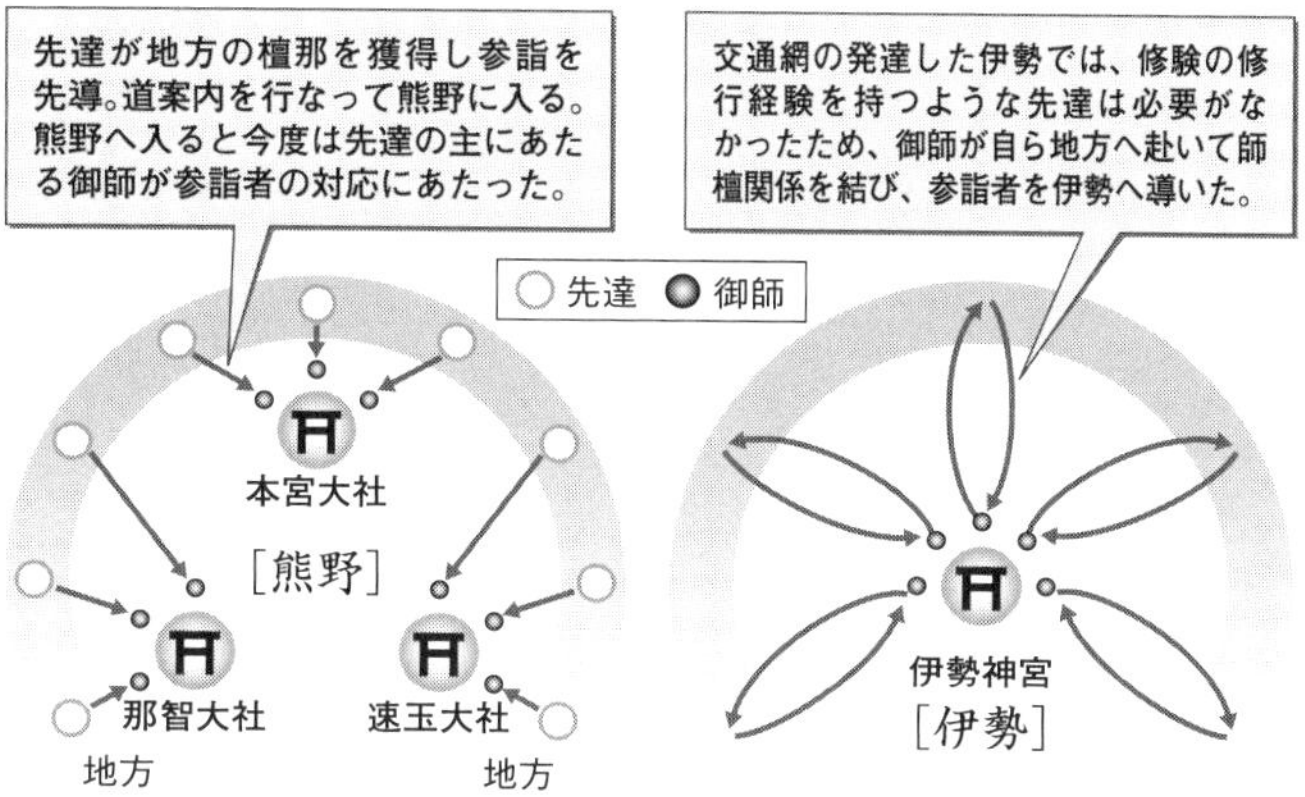
先達が地方の檀那を獲得し参詣を先導。道案内を行なって熊野に入る。熊野へ入ると今度は先達の主にあたる御師が参詣者の対応にあたった。
交通網の発達した伊勢では、修験の修行経験を持つような先達は必要がなかったため、御師が自ら地方へ赴いて師檀関係を結び、参詣者を伊勢へ導いた。
先達
御師
本宮大社
［熊野］
那智大社
速玉大社
地方
地方
伊勢神宮
［伊勢］

熊野に登場した御師のシステムは伊勢へと伝播し、よく似た布教スタイルがとられるようになる。

一方の伊勢は、立地面で熊野より有利で参詣しやすかったこともあり、庶民による娯楽旅行的な要素も含めた「お伊勢参り」として栄えることとなる。

伊勢の御師は全国各地に赴き、現地で伊勢講《いせこう》の結成を勧め、年に一度は檀那廻りをしてお祓《はら》いを行ない、伊勢神宮のお札《ふだ》のほか、伊勢土産として、おしろいや熨斗《のし》アワビ、暦《こよみ》などを配った。

檀那からは、初穂料《はつほりょう》として御師に金品が支払われた。

こうした先達と御師の制度は、現代における旅行代理店、ツアーガイド、ホテル・旅館経営を先取りしていたシステムといってもよいだろう。

熊野比丘尼

絵解きを行ない熊野信仰を広めた女性たち

女性層への浸透に貢献した熊野比丘尼

熊野信仰の特徴の一つとして、浄不浄《じょうふじょう》を問わずという信条のもと、広く参詣者を受け入れたことが挙げられる。このため、女人禁制を謳《うた》った高野山などとは異なり、熊野には女性の参詣者も少なくなかった。

庶民女性層に対する熊野信仰の浸透に大きく貢献したのが、熊野比丘尼と呼ばれる女性たちの活動だった。

熊野比丘尼の起源については不明な点が多いが、時宗《じしゅう》系の尼僧、あるいは熊野山伏《やまぶし》の妻を熊野から各地に派遣したものと見られ、新宮《しんぐう》の妙心寺《みょうしんじ》や那智《なち》の補陀洛山寺《ふだらくさんじ》などがその拠点となったという。

熊野比丘尼の活動が目立ち始めるのは室町時代以降で、彼女らは日本の各地において、『熊《くま》野《の》観心十界曼荼羅《かんじんじっかいまんだら》』の絵解きを行ない、熊野権現《くまのごんげん》の縁起《えんぎ》や参詣曼荼羅の物語を語り、護符《ごふ》である牛玉宝印《ごおうほういん》を配った。

熊野比丘尼の布教

『熊野観心十界曼荼羅』の絵解きを行なって熊野信仰を広める熊野比丘尼の姿。

こうして、熊野権現のご利益《りやく》を説き、熊野詣でを勧めるとともに、宮社の修築などのための費用を集めた。

『熊野観心十界曼荼羅』では仏教の輪廻転生《りんねてんしょう》の世界が絵でわかりやすく説明されているが、そこでは、女性だけが堕《お》ちる血の池地獄や石女《うまづめ》地獄の様子も描かれている。熊野比丘尼は、これらの生々しい地獄絵図を前に女性の救済を説き、それまで仏教信仰とはあまり縁のなかった庶民女性らに帰依《きえ》を勧めた。

しかし、江戸時代中期以降は、熊野信仰の衰退とともに熊野比丘尼の活動も停滞し始める。純粋な布教目的の活動は影を潜め、歌念仏《うたねんぶつ》などの芸能のかたわら売春を行なって生計を立てる者も少なくなかったといわれる。

お蔭参りと抜け参り

数十年周期で起こった
謎の社会現象と民衆運動

数百万人が短期間に伊勢に押し寄せた「お蔭参り」

近世に入ると、伊勢神宮への参詣者は、幕府による街道の整備や、全国各地に散った御師らの活動などにより、飛躍的に増えていった。とくに江戸時代には、「お蔭参《かげまい》り」と呼ばれる集団参詣が、一種の社会現象としてたびたび巻き起こった。

寛永十五年（一六三八）頃、人々の間である噂《うわさ》が飛び交った。空から伊勢神宮のお札が降って来た、伊勢踊りをしたら病気が治ったといった、伊勢神宮の奇蹟を伝えるもので、多くの庶民を伊勢参りへと駆り立てた。これがお蔭参りの始まりといわれる。

伊勢に関するこの種の噂は、ほぼ二十年周期で巷間《こうかん》に広がり、それに反応する形でお蔭参りが流行した。なかでもとくに大きなブームは、約六十年ごとに起こった。そのときの参詣者数は、宝永《ほうえい》二年（一七〇五）に三百六十二万人、明和《めいわ》八年（一七七一）に二百七万人、文政《ぶんせい》十三年（一八三〇）に四百二十七万人と推定され、前後の年に比べ突出していた。

お蔭参りが流行し始めると、伊勢へ続く街道沿いでは、地元の富裕者らが参詣者に米、銭《ぜに》、

お蔭参りの流行

年　代	出　来　事
慶長19年(1614)	8月、伊勢の大神が野上山に遷ったとの流言が起こり、伊勢踊りが流行。伊勢参宮が全国的に広がる。
元和元年(1615)	3月、諸国で伊勢の大神が飛び遷ったとの流言が起こり、伊勢踊りが流行。伊勢参宮が全国的に広がる。
寛永15年(1638)	夏、諸国の群衆が伊勢へ参宮。
慶安3年(1650)	お蔭参りの始まり。箱根の関では、正月下旬からの3ヵ月で1日平均500〜600人が参詣し、3月中旬から5月までで平均2100人が参詣したという。
寛文元年(1661)	群参があったという。
宝永2年(1705)	抜け参りが流行。362万人が参詣した。
享保3年(1718)	正月より翌年までに42万7500人が参詣した。
享保8年(1723)	諸国より群参があったという。
元文5年(1740)	群参があったという。
明和8年(1771)	4月から8月までに207万人の参詣者があったという。
文政13年(1830)	ひしゃくを持参し伊勢神宮の外宮の北門に置いていくことが流行った。427万人が参詣したという。
安政2年(1855)	ええじゃないか。お蔭参りの影響を受けた集団参詣。

襦袢《じゅばん》などを施《ほどこ》すのが慣例だった。この施しにより普段よりも安い旅費で参詣できるので、これを神の恵みと見なし、「お蔭参り」という言葉が生まれたという。

これほどの大人数が伊勢神宮へ参詣できるようになった背景には、いくつかの要因が考えられるが、なかでも大きいのは、関所の撤廃であった。

十五世紀半ばには、伊勢国桑名《くわな》から三重《みえ》郡日《ひ》永《なが》までおよそ十八キロメートルの道程に、六十カ所もの関所が存在したという。そこを通る参詣者は、関所ごとに関税を徴収されることになり、総額としては軽視できないほどの経済的負担となった。しかし、織田信長の時代になるとこれらの関所は廃止され、伊勢参りを阻《はば》む障害の一つが取り払われることとなった。

誰もとがめることのできなかった「抜け参り」

伊勢参りには、お蔭参りに似た「抜け参り」というものもあった。これは、店の使用人、家庭の妻、子供らが、店の主人、夫、親などの許可を得ずに伊勢参りに出てしまうものである。伊勢参詣が目的の旅であったことから、これをとがめたりすると天罰が下ると信じられていて、たとえ無許可で旅立っても、抜け参りの実行者は、帰郷後も叱られるようなことはなかったという。

お蔭参りは特定の短期間に大勢が参詣するのに対し、抜け参りは、とくに時期を限ることなく、個人または少人数で恒常的に行なわれていた。

これらお蔭参りや抜け参りは、江戸幕府など、ときの支配者にはあまり歓迎されなかった。これらの伊勢参りは、神事にかこつけた、民衆による一種の解放運動と見ることもでき、熱狂的な信仰心が、キリシタン一揆《いっき》や一向《いっこう》一揆などのような民衆暴動に発展することを、支配者側は恐れた。抜け参りなどは、使用人が主人に無断で職場を放棄することでもあり、神の権威を利用しての支配者層への反抗という一面を持っているともいえた。

伊勢踊り

伊勢踊りは、男女が輪になって華美な服装で仮装をして踊り狂うもので、全国的に大流行した。その初見は『武江年表』にある寛永15年（1638）の記事である。

「ええじゃないか」の拡大

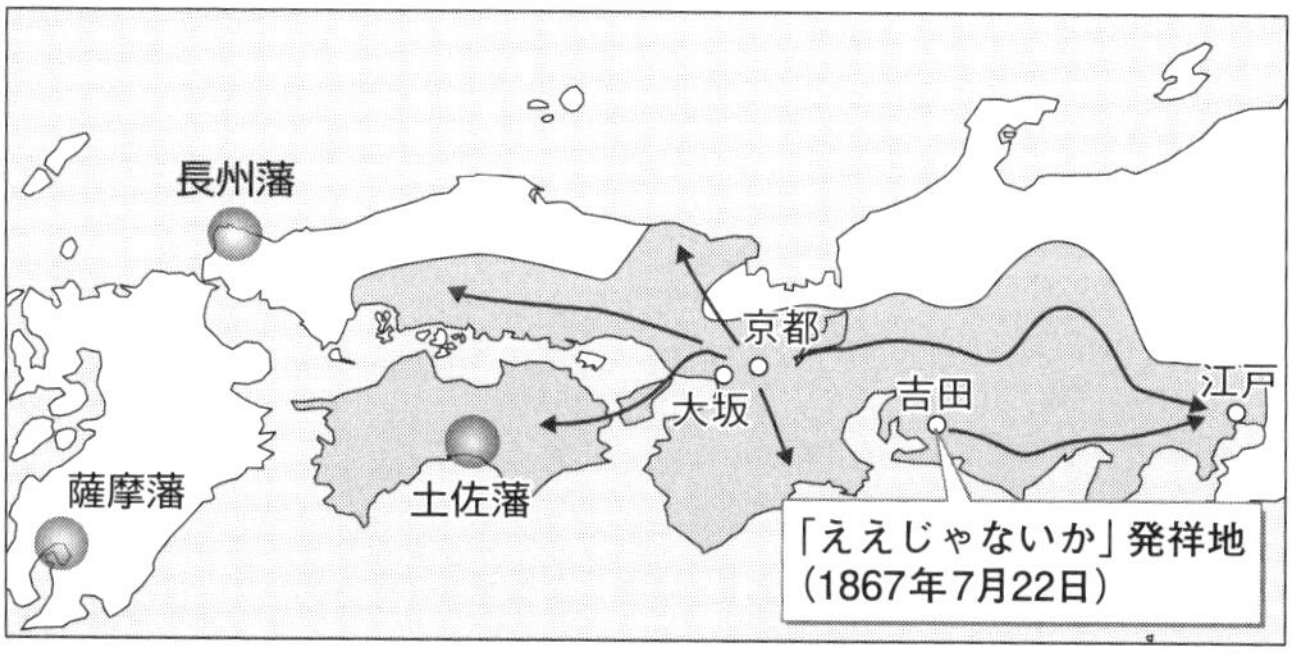

幕末に起こった「ええじゃないか」は、尾張吉田の宿場町で始まるや、驚異的なペースで全国へ広がった。

伊勢講

伊勢参りを目的に金銭を積み立て、くじ引きや順番で数人が代参

農村の経済力上昇と御師の顧客開拓で各地に誕生

室町時代になると、農村では稲の品種改良など農業技術が向上し、経済的にも時間的にも余裕が生まれた。やがて、自作農的な中小の名主《みょうしゅ》が台頭してきて力を持って団結し、郷村制《ごうそんせい》と呼ばれる自治組織を作るに至った。伊勢の御師たちは、これら新たに生まれた郷村に赴くと、そこで伊勢信仰の布教を行ない、村全体を信徒《しんと》にした。この村単位の信徒集団が、江戸時代に農村において普及する「伊勢講《いせこう》」の起源となる。

伊勢講の起源に関する最も古い記録は、応永《おうえい》十四年（一四〇七）に中流貴族により結成された「神明講《しんめいこう》」とされる。当時、伊勢神宮は神明とも呼ばれていたので、神明講と伊勢講は同種の内容といえる。

のちの応永二十四年（一四一七）に別の中流貴族により記された文献によると、十人ほどで結成された神明講が毎月二十五日に開催され、月ごとの当番が講の世話にあたり、費用は各自分担とし、酒や食事を楽しみつつ歓談したという。

東海道と中山道

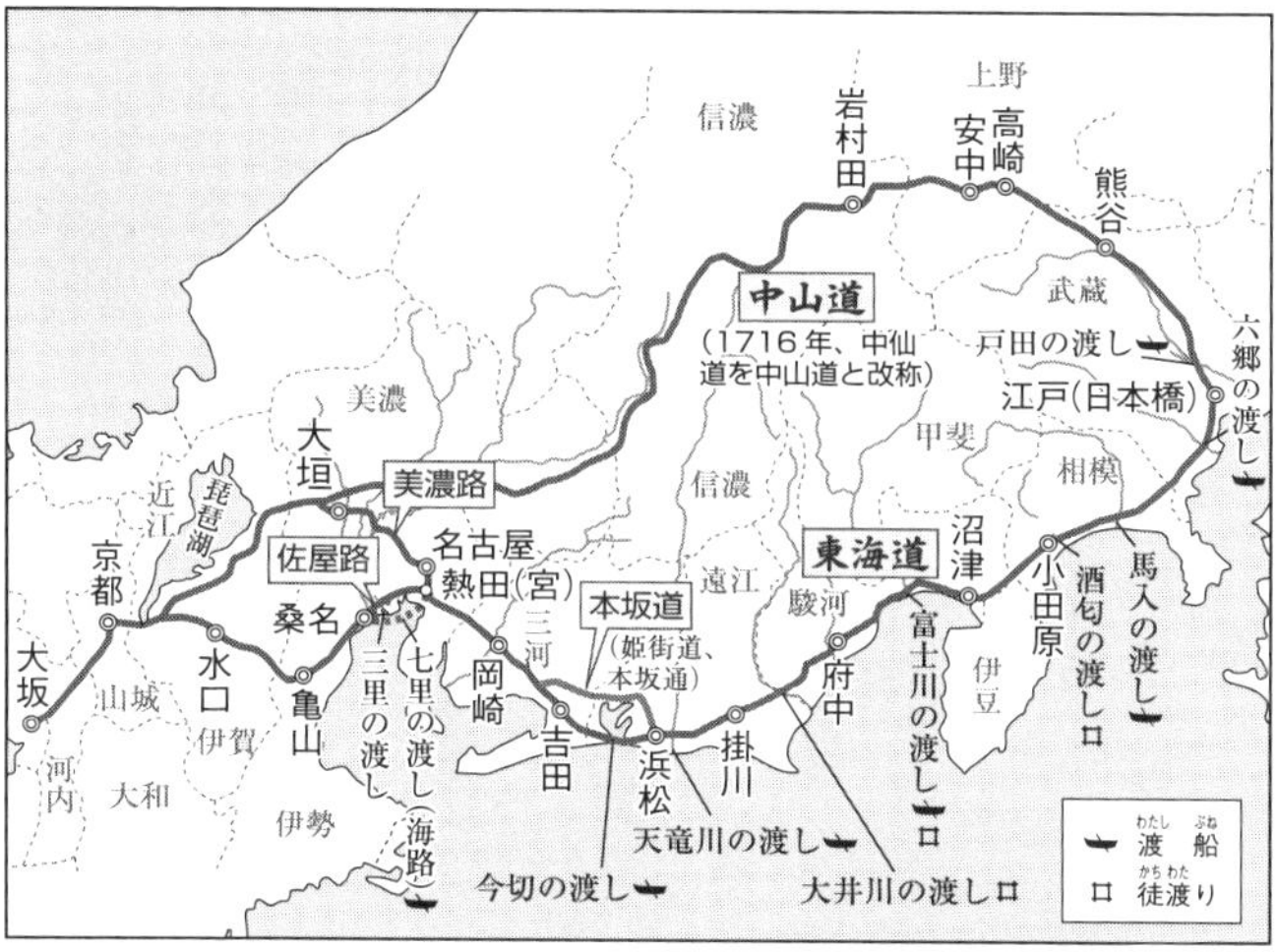

江戸時代、幕府によって五街道を中心とした交通網が整備されると、これに伴い伊勢参詣が庶民層に浸透。生涯一度の伊勢参詣が人々の憧れとなった。

箱根の関所跡

江戸から伊勢へと向かう人々が必ず通過した箱根の関所。たびたび起こったお蔭参りの際にも、詳細な記録が残されている。

このような講は、貴族以外の層においても存在したと見られ、嘉吉《かきつ》二年（一四四二）に発せられた徳政令《とくせいれい》には、神明講と熊野講の費用はその対象外とする旨《むね》が記載されている。

十六世紀に入ると、御師が伊勢講の信徒宅を訪問し、お祓いをするとともにお札などの伊勢土産を配る「檀那廻り」が始まった。

贅沢な娯楽旅行でもあった伊勢参り

一般に伊勢講では、伊勢参りを目的に構成員が金銭を積み立て、くじ引きや順番で数人ずつ代参《だいさん》した。積立金は、共有の田や林などから得られる収入をあてるところもあった。

江戸時代、東海道が整備されたとはいえ、江戸から伊勢までの往復には、一カ月半ほどの期間と、だいたい十両程度の旅費、現代の価値にして六十万円ほどがかかったという。けっして安い額ではなく、お蔭参りの流行が起きて沿道での施しが期待できる場合を除いては、庶民が大勢で連れ立って参詣に行くことは経済的に難しかった。

代参した伊勢講の講員は、伊勢に近い場所まで到着すると御師（または代理人）の出迎えを受け、御師宅に招かれた。そして、まずは御師宅の神楽殿《かぐらでん》で五穀豊穣《ごこくほうじょう》などの神楽を奉納《ほうのう》し、その後、伊勢神宮へと参拝した。

伊勢での宿泊先である御師宅において、講員は至れり尽くせりのもてなしを受けた。食事には伊勢海老やアワビなどの名物が饗され、夜はふかふかの布団が用意されたという。

当時の伊勢参りは、名所観光に御馳走《ごちそう》付きという慰安旅行の面も少なくなかった。各地に残る伊勢講の記録には、伊勢で受けた歓待の記録を綴ったものが多く見られる。

伊勢講のしくみ

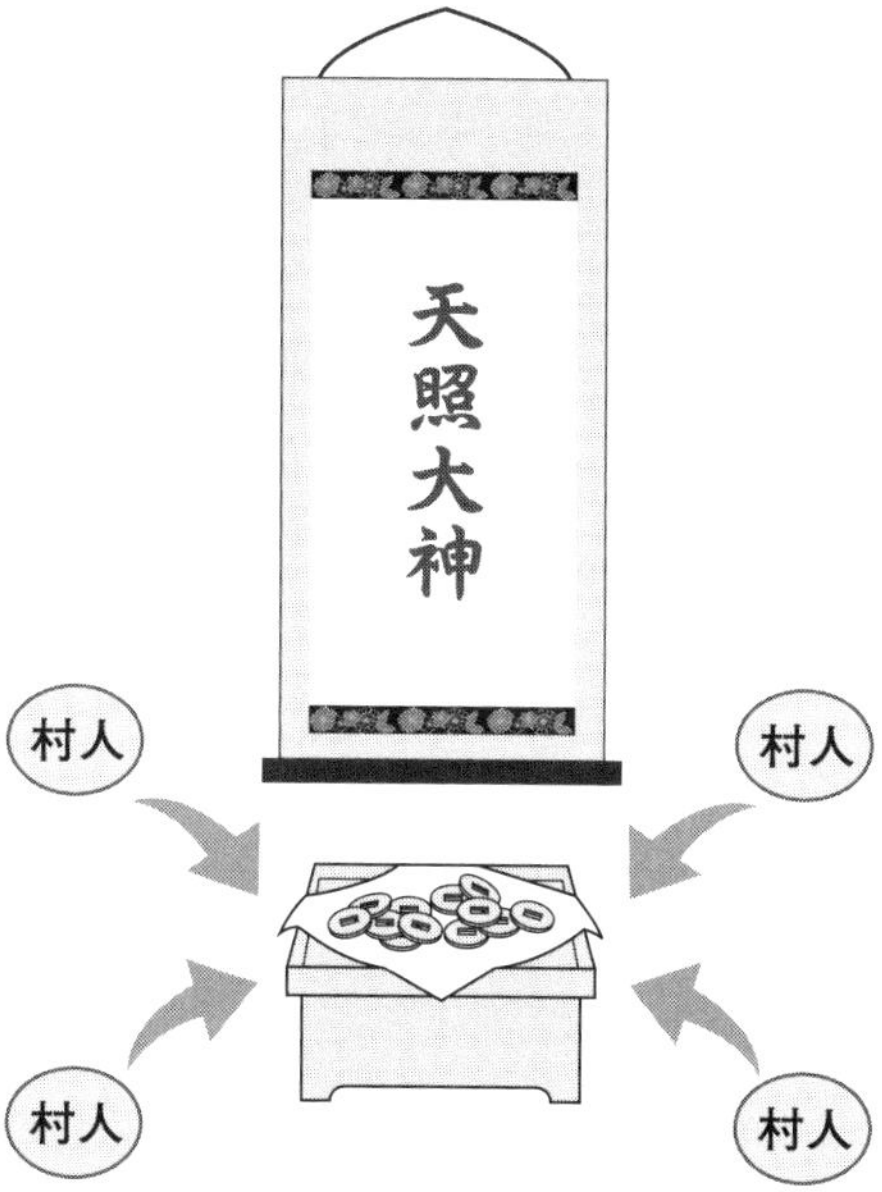

伊勢講では、伊勢参りを目的として数人から数十人が一定の金銭を積み立てて、参宮の費用にあてた。毎月のように講元の家に集まり、天照大神の掛軸の前で歓談が行なわれた。

くじ引きで選ばれた者が参宮へ

御師の先導により伊勢へ参宮し、お供えを献進。豊穣に感謝し、また翌年の豊穣を祈る。

外れた者たちは宴を張って餞別を贈り、代参者の留守宅では無事を祈って鎮守社への日参が行なわれる。帰着に際しては、代参者を村境まで出迎えに行く。

伊勢暦

伊勢の御師が伊勢神宮のお札と共に檀那に配った土産物

全国的に広がった伊勢暦

伊勢参りの隆盛とともに全国にその存在を知られるようになったのが、伊勢の御師が各地の檀那に配った「伊《い》勢《せ》暦《ごよみ》」だった。

日本では、明《めい》治《じ》五年（一八七二）に太陽暦が採用されるまでは、月の満ち欠け（月齢）を基本とする太陰暦《たいいんれき》が使用されてきたが、太陰暦の十二カ月はおよそ三百五十五日となるため、三年に一度ほど閏月《うるうづき》を設けて、月日と季節のずれを修正する必要があった。そのため、太陰暦は太陽暦よりも複雑なものとなり、商売や農作業の計画を立てるには、向こう一年程度の暦を知っておくことが不可欠といえた。

数年おきに閏月が追加されて一年の日数が大きく変わるというのは、現代から見ると不都合だらけにも見えるが、太陰暦では、将来のある日付における月明かりの状態を容易に想定でき、また、漁業において重要な潮の満ち引きの周期も毎月の日付にほぼ対応しているなど、太陽暦にない利点もあった。

こらむ

伊勢和紙の登場

伊勢和紙は、三重県伊勢市で漉《す》かれている和紙で、伊勢神宮の神宮大麻《たいま》（お札）のほか、日本全国の多くの神社のお札やお守りの用紙として使われている。和紙らしい清浄な風合いを保ちながら、各神宮・神社の文様を漉き込むなど、高度な技術も兼ね備えている。その歴史は、明治維新後の神宮改革により職を失った伊勢神宮の御師たちが、美濃《みの》や土佐《とさ》から和紙職人を招いて紙漉きの技術を習得したのが始まりとされ、以後、100年以上にわたり、神宮大麻を奉製してきた。近年では、インクジェット・プリンターで印刷できる和紙など、現代のニーズに即した製品を開発している。平成6年（1994）には、三重県の伝統指定工芸品に認定された。

古代から、暦は支配者の管理するものであった。律令《りつりょう》時代の朝廷では、陰陽寮《おんみょうりょう》に属する陰陽師《おんみょうじ》が暦の作成、管理に携わった。近世になると、暦は幕府により管理され、認可制、専売制となり、私製はもちろん、無断で書き写すことさえ禁じられた。

江戸時代初期は、御師の配る暦としては、朝廷のお膝元《ひざもと》で発行されていた「京暦《きょうごよみ》」や、伊勢の丹生《にう》で賀茂家《かもけ》が発行していた「丹生暦」などが用いられた。その丹生暦を起源にして、寛永八年（一六三一）、伊勢の森若太夫《もりわかだゆう》と箕曲甚《みのわじん》太夫《だゆう》により「伊勢暦」の印刷が開始された。

江戸時代にはほかにも、南部暦《なんぶごよみ》、三島暦《みしまごよみ》、江戸暦《えどごよみ》、仙台暦《せんだいごよみ》、薩摩暦《さつまごよみ》など、各地で暦が作成されたが、伊勢暦は一番人気だった。

◎伊勢暦の人気の理由

伊勢の御師は、全国各地の檀那を定期的に訪問する際、伊勢神宮のお札とともに、さまざまな土産を持参した。

伊勢土産のなかで、一般に最も喜ばれたのが伊勢暦だった。伊勢暦は、暦として正確であるうえ、印刷が美しく、八十八夜や二百十日など農作業に必要な情報の記載もいち早く開始され、人々に重宝された。また、御師の訪問時期は正月前が多かったことから、めでたい縁起物としても喜ばれた。

伊勢暦の体裁は、経典のように横長な用紙を畳んだ折本で、元となった丹生暦を受け継いでいる。本の装飾は配布先の檀那の格式により変わり、簡素な並製のもの、金箔《きんぱく》を押した豪華版など数種類あった。伊勢暦の販売は禁じられていたので、土産《みやげ》という形で檀那に渡され、檀那は初穂料を御師に奉納していた。江戸期を通じて伊勢暦の人気は高く、幕末期の発行部数は二百万部に達し、国内の暦の約半分を占めたという。

明治四年（一八七一）に御師の制度が廃止されると、その煽《あお》りを受けて伊勢暦の配布も打ち切られた。しかし、明治十六年（一八八三）からは神宮司庁《じんぐうしちょう》の発行する「神宮大暦《じんぐうたいれき》」と「神宮暦」に姿を変え、現代まで毎年発行されている。

地方暦の分布（幕末〜明治初年頃）

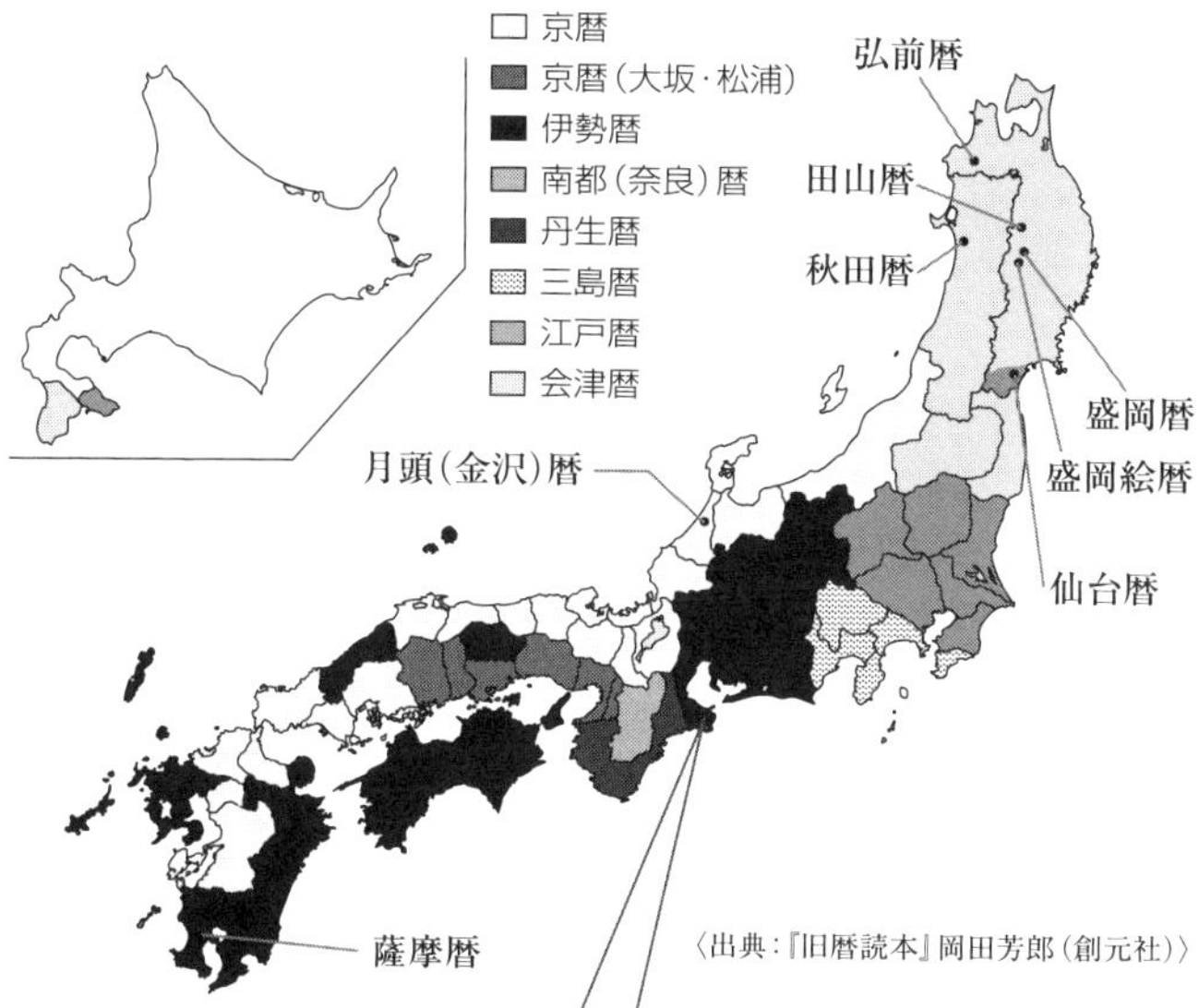

〈出典：『旧暦読本』岡田芳郎（創元社）〉

伊勢暦

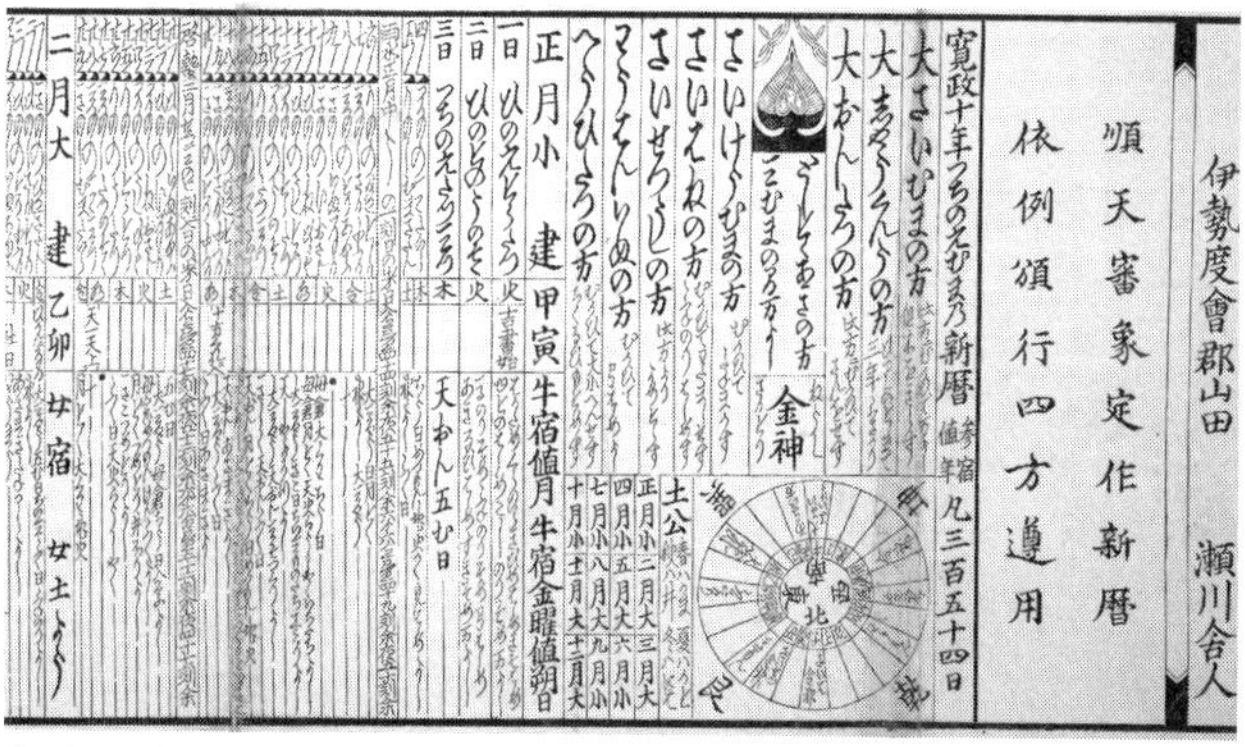

寛政10年（1798）に発行された伊勢暦。地方暦のなかで最も人気があった。（国立国会図書館所蔵）

牛玉宝印

約束事を記す用紙として用いられた烏文字の起請文

武士の起請文としても使われた牛玉宝印

日本の修験《しゅげん》系寺社では厄除《やくよ》けの護符《ごふ》として牛玉宝印《ごおうほういん》（牛王宝印とも記す）を発行しているところが多いが、なかでも、熊野三山のそれは昔から広く知られていた。

熊野三山の牛玉宝印は、和紙に木版刷りで社名が記されている。文字は、熊野神の使者とされるカラスの姿を図案化した烏《からす》文字が用いられ、さらに、神仏の「みたま」の印である如意《にょらい》宝珠印《ほうじゅいん》が朱墨《しゅぼく》で記されている。

熊野の牛玉宝印は、本来の護符としての用途以外に、武士の起請文《きしょうもん》にもしばしば用いられた。

牛玉宝印の裏に約束事を書き記すことで、熊野権現《ごんげん》に誓願したのと同じ意味を持つとされたのである。

もし約束事が守られなかった場合、熊野のカラスが三羽死に、約束を破った者は血反吐《ちへど》を吐いて地獄に堕ち、殺したカラスから責め苦を受け続けるといわれた。

牛玉宝印に誓いを立てた人々

豊臣秀吉
臨終に際し、五大老、五奉行に自分の死後、嫡男の秀頼に忠誠を尽くす旨の誓約文を、牛玉宝印の裏に書かせた。

源義経
兄源頼朝から謀反の疑いをかけられた際、牛玉宝印の裏に起請文をしたためて送った。

赤穂浪士
主君浅野匠頭の仇である吉良上野介邸に討ち入りをする際、仇討ちの成功を牛玉宝印に誓願した。

牛玉宝印が使われたさまざまな逸話

鎌倉時代の歴史書『吾妻鏡《あづまかがみ》』によれば、兄の源頼朝《みなもとのよりとも》から謀反《むほん》の疑いをかけられた源義経《よしつね》は、異心のないことを誓う起請文を牛玉宝印の裏にしたため、頼朝のもとへ送ったという。

また、『源平盛衰記《げんぺいじょうすいき》』や『平家物語《へいけものがたり》』には、頼朝から義経暗殺の命を受けて入洛《にゅうらく》した土佐《とさの》房昌俊《ぼうしょうしゅん》が、その目的を義経一行に見破られそうになり、身の潔白を誓う起請文を七枚の牛玉宝印に書き連ね、一部を灰にして飲み干し、危機を切り抜けたという逸話《いつわ》が見られる。

鎌倉時代中期には、僧侶間の争い事を収めるために牛玉宝印の起請文を用いた記録があり、戦国時代には武士同士の契約にも使われるようになった。

また、豊臣秀吉は自身の臨終《りんじゅう》に際し、配下であった徳川家康をはじめとする五大老《たいろう》、五奉《ぶ》行《ぎょう》に、自分の死後は嫡男《ちゃくなん》である秀頼《ひでより》に忠誠を尽くす旨の誓約文を牛玉宝印の裏に記させたという。

江戸時代の赤穂浪士《あこうろうし》も、仇討《かたきう》ちを牛玉宝印に誓願したとされる。

牛玉宝印を用いた起請文の習わしは、江戸時代になると商人などの庶民層にも広まり、さらには、遊女《ゆうじょ》の商売道具としても普及した。常連客が離れないよう、遊女は、年期が明けたら一緒に所帯を持つといった誓いを牛玉宝印の裏にしたため、客に渡したという。

古典落語の『三枚起請《さんまいきしょう》』は、三人の客に同じ起請文を渡した遊女をめぐる話である。自分に起請文を渡した遊女が同一人物だと知った男たちは、談判《だんぱん》するため一緒に遊郭《ゆうかく》へと乗り込む。しかし遊女は、三人の追及をのらりくらりとかわそうとする。

嘘の起請文を書くたびに熊野でカラスが三羽ずつ死ぬ、罰当たりだと言い募《つの》る男らに対し、遊女は「いっそ世の中のカラスを全部殺してしまいたい」と言う。「そんなにカラスを殺してどうなるんだ」と男らが問うと、遊女は「朝寝がしたいんだよ」と答える。

熊野の起請文にまつわる伝承と、朝は誰にも邪魔されずに遅くまで寝ていたいという遊女の本音を絡《から》めたオチである。

熊野三山の牛玉宝印

熊野では、神の使いとされるカラスの姿を組み合わせた「牛玉宝印」が護符に用いられる。三山はそれぞれ異なる護符を用いており、かつては護符の裏面に誓約文を書いて取り交わす習わしがあった。

第三章
江戸庶民の伊勢参りと熊野詣で

西国三十三所観音巡礼

伊勢参り、熊野詣での延長で結び付いた霊場

伊勢参りから西国巡礼へ

江戸時代になると、西国三十三所観音巡礼《さいごくさんじゅうさんしょかんのんじゅんれい》（西国巡礼）が人気を集める。その背景には、伊勢参りの流行があった。

江戸時代は「天下泰平《たいへい》の世」といわれるように、大きな戦乱がなく安定した時代となった。幕府によって江戸と地方を結ぶ五街道が整備されると、伊勢神宮への参拝が容易になり、伊勢参りに出る人々が増えた。そうした中、「もう一つのお伊勢参り」として、熊野那智を起点とする西国巡礼も盛況を迎えたのである。

そもそも西国巡礼とは、観世音菩薩《ぼさつ》（観音菩薩）が祀られている西国の三十三の霊場（寺院＝札所《ふだしょ》）を巡礼することを意味する。

観音菩薩は慈悲《じひ》の心をもって人々を救済する仏。『法華経《ほけきょう》』によると、三十三の姿に変化《へんげ》して人々を救ってくれるとされ、厩戸皇子《うまやどのみこ》（聖徳太子）の頃から信仰されてきた。その観音菩薩の化身《けしん》の数が三十三という霊場の数の由来である。

西国三十三所観音巡礼

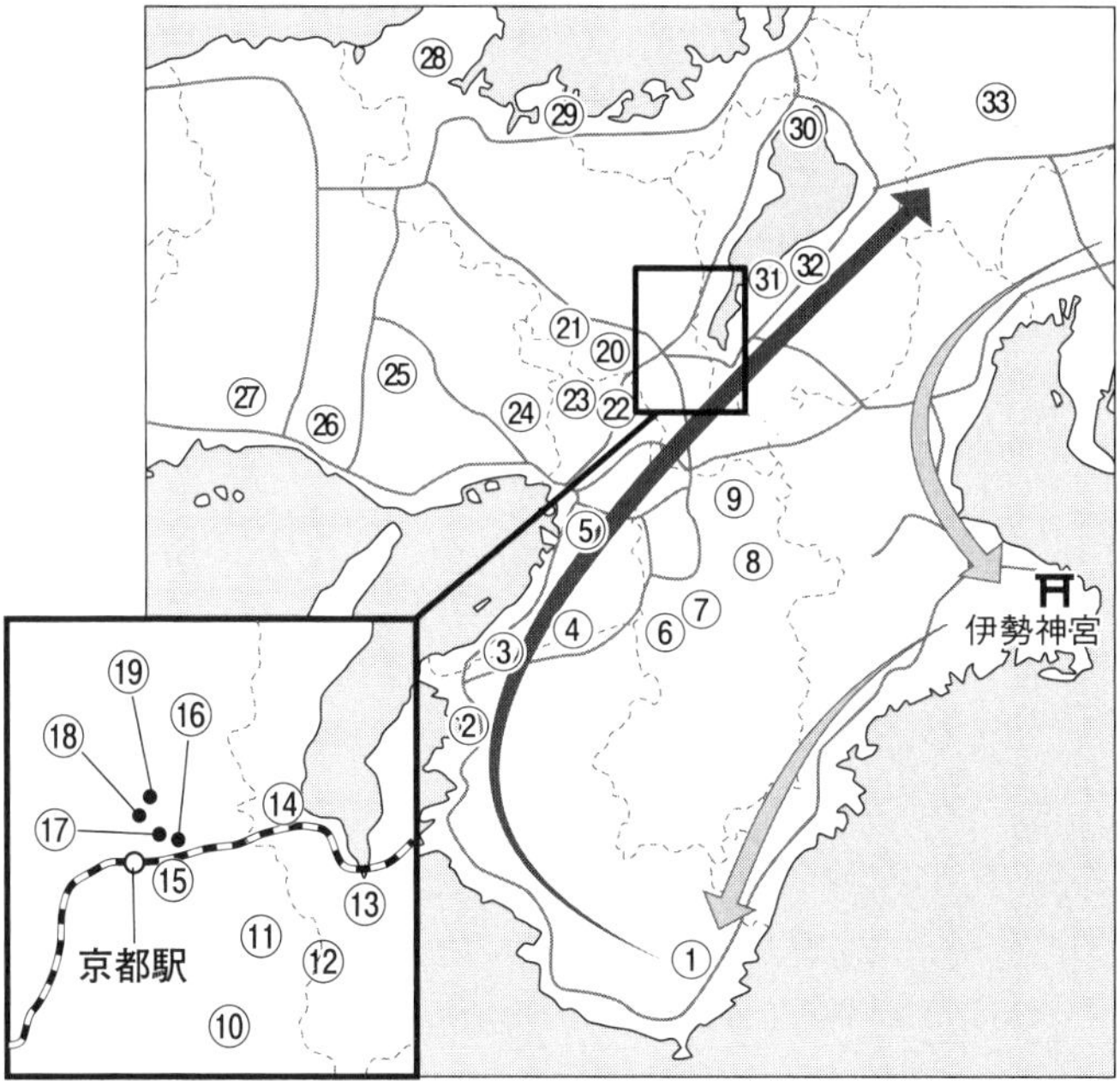

① 那智山 青岸渡寺	⑬ 石光山 石山寺	㉔ 紫雲山 中山寺
② 紀三井山 護国院（紀三井寺）	⑭ 長等山 園城寺（三井寺）	㉕ 御獄山 清水寺
③ 風猛山 粉河寺	⑮ 新那智山 観音寺	㉖ 法華山 一乗寺
④ 槇尾山 施福寺	（今熊野観音寺）	㉗ 書寫山 圓教寺
⑤ 紫雲山 葛井寺	⑯ 音羽山 清水寺	㉘ 成相山 成相寺
⑥ 壷阪山 南法華寺（壷阪寺）	⑰ 補陀洛山 六波羅蜜寺	㉙ 青葉山 松尾寺
⑦ 東光山 龍蓋寺（岡寺）	⑱ 紫雲山 頂法寺（六角堂）	㉚ 巌金山 宝厳寺
⑧ 豊山 長谷寺	⑲ 霊麀山 行願寺（革堂）	（竹生島）
⑨ 興福寺（南円堂）	⑳ 西山 善峯寺	㉛ 姨綺耶山 長命寺
⑩ 明星山 三室戸寺	㉑ 菩提山 穴太寺	㉜ 繖山 観音正寺
⑪ 深雪山 醍醐寺（上醍醐准胝堂）	㉒ 補陀洛山 総持寺	㉝ 谷汲山 華厳寺
⑫ 岩間山 正法寺（岩間寺）	㉓ 應頂山 勝尾寺	

江戸時代になり、政治・経済が安定してくると、伊勢信仰は隆盛を迎える。しかしこの頃、那智を起点とする西国三十三所観音巡礼が大衆化し、伊勢・熊野を一緒に巡礼することが一般化した。

西国巡礼開創の経緯

西国巡礼の起源は、奈良時代にまで遡《さかのぼ》る。

養老《ようろう》二年（七一八）、大和国長谷寺《やまとのくにはせでら》の徳道上人《とくどうしょうにん》が病に倒れ、生死をさまようことになった。そのとき徳道上人は、冥土《めいど》で閻魔大王《えんまだいおう》と面会。「西国三十三所の観音霊場を巡った者は功徳《くどく》を得られる。人々に観音菩薩の慈悲の心を説きなさい」というお告げを受け、起請文《きしょうもん》と三十三の宝印《ほういん》を授かった。

現世へ戻った徳道上人はお告げに従い、観音信仰を広めようとしたが、当時の人々には受け入れられず、西国巡礼が発展することはなかった。三十三の宝印も摂津国中山寺《せっつのくになかやまでら》の石櫃《せきひつ》に納められたという。

それから二七〇年近く経った平安時代中期、西国巡礼が再興される。そのきっかけをつくったのは花山天皇《かざん》であった。

寛和《かんな》二年（九八六）、花山天皇は女御《にょうご》（藤原忯子《ふじわらのしし》）の死を契機に退位し、山科《やましな》の元慶寺《がんけいじ》で出家《しゅっけ》して法皇《ほうおう》となった。そして熊野へ参詣して那智山で修行していると、眼前に熊野権現《ごんげん》が出現。「徳道上人が定めた西国巡礼を復活させよ」という熊野権現の託宣《たくせん》を受けた法皇は、那智山を一番札所として長く途絶えていた西国巡礼を再興したと伝えられている。

青岸渡寺

西国三十三所観音巡礼の第一番にあたる青岸渡寺は、熊野那智大社に隣接する。

ただし、これらの逸話は霊験譚《れいげんたん》であり、史実をどこまで踏まえたものかははっきりしない。西国巡礼の開創について史料的にもっとも確実とされているのは、平安時代末期に園城寺《おんじょうじ》の僧侶覚忠《かくちゅう》が残したもので、応保《おうほう》元年（一一六一）に熊野那智から三室戸《みむろと》（御室戸）寺までを巡礼したことを記している。

その後、鎌倉時代まで西国巡礼を行なっていたのは主に僧侶であった。しかし南北朝時代以降は、武士を中心とした俗人の巡礼者も増加。東国からも多くの人々が訪れ、応仁の乱以降に西国巡礼と呼ばれるようになったとされている。

やがて西国巡礼をまねた観音霊場も誕生。関東には坂東《ばんどう》三十三所観音や秩父《ちちぶ》三十四所観音がつくられた。

第三章
江戸庶民の伊勢参りと熊野詣で

伊勢と熊野の祭り

それぞれの地に鎮座した神々を呼び感謝する儀式

一年の実りを天照大神に捧げる神嘗祭

伊勢・熊野にはそれぞれ、古くからの伝統を守り続ける祭りがあるが、その内容を見てみると、それぞれの信仰の起源と密接に関わっていることがわかる。

伊勢神宮において最も重要視されている祭りが神嘗祭《かんなめさい》で、これは、その年に収穫された新穂《にいほ》を天照大神《あまてらすおおみかみ》へと捧げて、収穫に感謝し、翌年の豊作を願うものである。神嘗祭は十月十五日から二十五日にかけて行なわれるが、これに関連して、一年を通して多くの神事《しんじ》が行なわれている。

四月には神田下種祭《しんでんげしゅさい》、五月には神田御田植初《おたうえはじめ》、九月には抜穂祭《ぬいぼさい》と、稲を育てて収穫へと至る祭りが、伊勢市内の神田を舞台に行なわれる。また、十月の御酒殿祭《みさかどのさい》や御塩殿祭《みしおでんさい》では、神嘗祭で天照大神に捧げられる神饌《しんせん》の材料が準備される。こうしたさまざまな祭りの成果が、十月の神嘗祭へと集約されていくのである。

神嘗祭に対応する形で、宮中においても、明治時代以降、神嘗祭賢所《かしこどころ》の儀《ぎ》が行なわれている。

那智の火祭

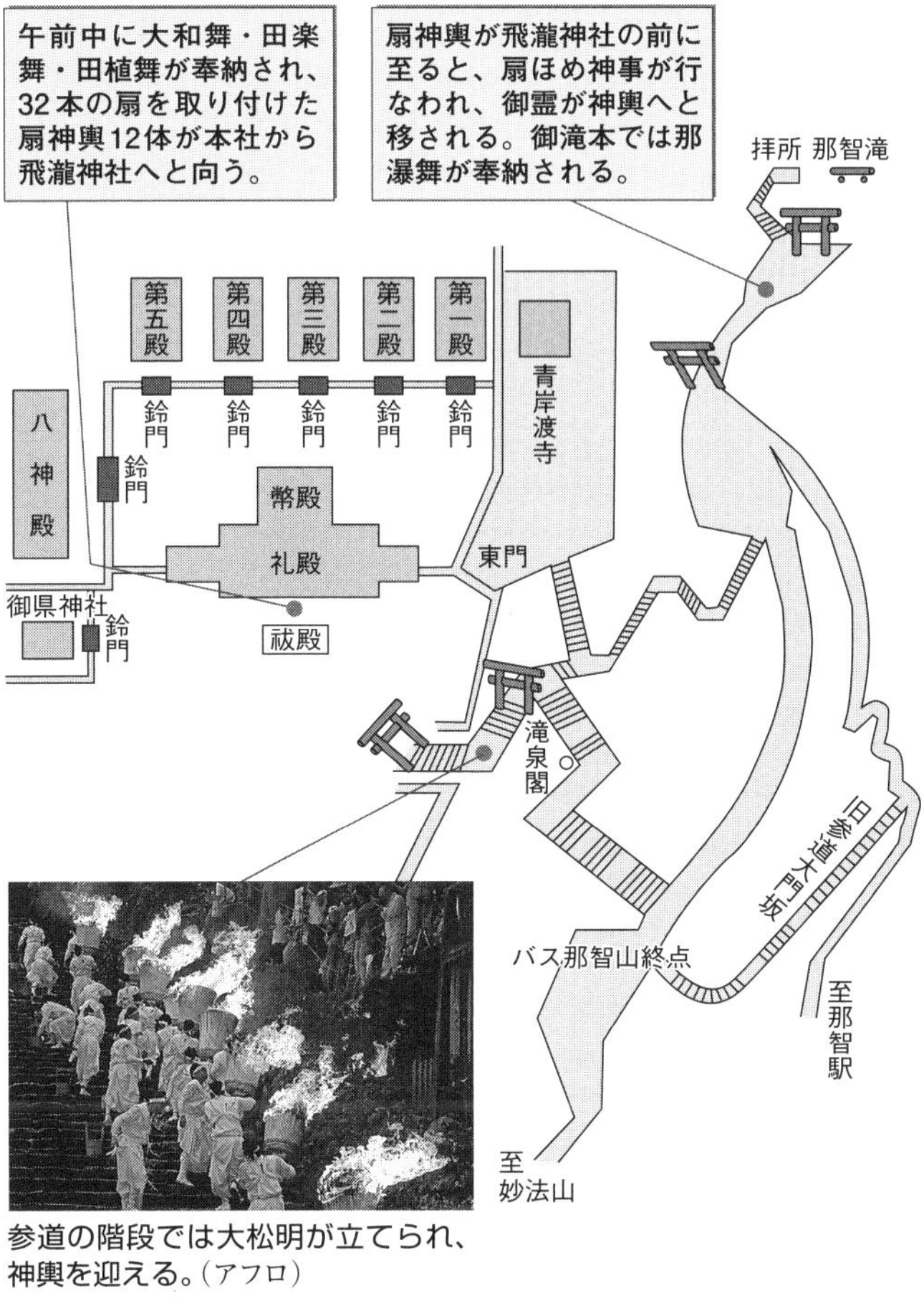
午前中に大和舞・田楽舞・田植舞が奉納され、32本の扇を取り付けた扇神輿12体が本社から飛瀧神社へと向う。
扇神輿が飛瀧神社の前に至ると、扇ほめ神事が行なわれ、御霊が神輿へと移される。御滝本では那瀑舞が奉納される。
拝所
那智滝
第五殿
第四殿
第三殿
第二殿
第一殿
鈴門
八神殿
青岸渡寺
幣殿
礼殿
東門
御県神社
祓殿
滝泉閣
旧参道大門坂
バス那智山終点
至那智駅
至妙法山

参道の階段では大松明が立てられ、神輿を迎える。（アフロ）

那智の火祭は熊野那智大社の例大祭で、毎年7月14日に行なわれ、12本の松明が参道に並ぶ勇壮な祭りとして有名。この那智の火祭のほかにも、神倉神社では松明を手に氏子たちが神倉山を駆け抜けるお燈祭りがある。

この神事では、天皇が伊勢神宮を遥拝《ようはい》し、五穀豊穣《ごこくほうじょう》が祈られる。

古代の神々が降臨する熊野三社の例大祭

熊野では、三社が個別に催す例大祭《れいたいさい》が、祭事の中心となっている。こちらの祭りも、日本神話や熊野の神々との関わりがうかがえる内容となっている。

毎年四月十三日から十五日にかけて行なわれる熊野本宮大社《ほんぐうたいしゃ》の例大祭は、湯登《ゆのぼり》神事に始まる。これは、稚児《ちご》が八撥《やさばき》神事を前に身を清める神事で、この後、稚児らによって湯《ゆ》の峰王子《みねおうじ》社《しゃ》において八撥神事が奉納されると、神職、修験者、氏子総代《うじこそうだい》らに先導された一行は、大日越《だいにちごえ》をして本宮へと戻る。

大日越の際には稚児に神が憑依《ひょうい》するとされ、地面に下ろすことはできないため、父親たちはずっと子供を肩車《かたぐるま》したまま移動する。十五日には、本宮の故地《こち》である大斎原《おおゆのはら》へと舞台を移し、「有馬窟の歌《ありまのいわや》」「花の窟の歌」が奏される。

毎年十月十五、十六日に行なわれる熊野速玉《はやたま》大社の例大祭では、まず、神馬渡御式《しんめとぎょしき》が行なわれ、速玉大神の神霊が神馬に憑依して、二百名の供奉員《ぐぶいん》とともに熊野川を渡る。続く御船《みふねまつり》祭では、神輿《みこし》を乗せた神幸船《じんこうせん》と斎主船《さいしゅぶね》を諸手船《もろたぶね》が引き、これをさらに九艘《そう》の早船が引く形で熊野

万物の根源となった火の神

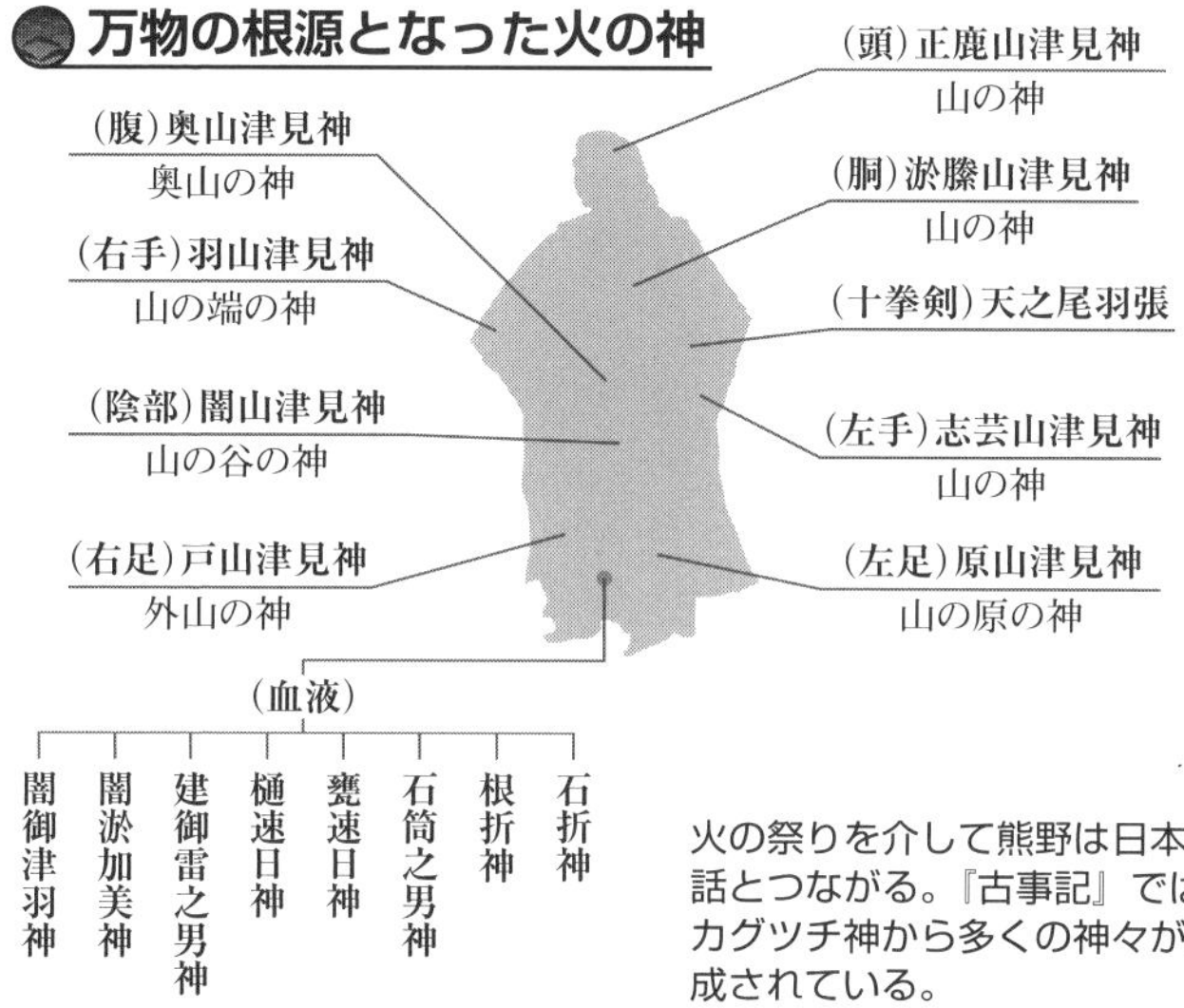
(頭)正鹿山津見神
山の神
(腹)奥山津見神
奥山の神
(胴)淤縢山津見神
山の神
(右手)羽山津見神
山の端の神
(十拳剣)天之尾羽張
(陰部)闇山津見神
山の谷の神
(左手)志芸山津見神
山の神
(右足)戸山津見神
外山の神
(左足)原山津見神
山の原の神
(血液)
石折神
根折神
石筒之男神
甕速日神
樋速日神
建御雷之男神
闇淤加美神
闇御津羽神

火の祭りを介して熊野は日本神話とつながる。『古事記』では、カグツチ神から多くの神々が生成されている。

川の急流を遡上《そじょう》する。やがて、早船をつなぐ綱が解かれると、早船は一斉に速度を上げ、約二キロメートル上流の御船島の周囲を三周して勝敗を競う。

熊野那智《なち》大社の例大祭は毎年七月十四日に行なわれ、一般に「那智の火祭《ひまつり》」の名で広く知られている。午前中に大和舞《やまとまい》、田楽《でんがく》舞、田植《たうえ》舞が奉納されたのち、午後の扇《おうぎ》神輿《みこし》渡御式となる。祭りの主役である扇神輿は那智大滝の形を模したもので、この十二体の扇神輿を、那智大滝のある飛瀧《ひろう》神社から那智大社へ登る石段の途中で、同じく十二体の大松明《おおたいまつ》が迎える場面が、この祭事の最大の見せ場となる。この祭りは、熊野十二所の神々が那智に鎮座《ちんざ》した伝説を再現しているといわれる。

参詣の作法

神聖な場所に身を置く前に求められるさまざまな約束事

外宮が内宮より優先される伊勢神宮

伊勢神宮には、「外宮先祭《げくうせんさい》」の原則があり、外宮、内宮《ないくう》の順で参詣するのが正式な作法とされる。天照大神を祀る内宮よりも、外宮を先に参拝するのは、天照大神が外宮に豊受大神《とようけのおおかみ》を祀るよう託宣《たくせん》した際、「我を祀るには豊受大神を先に」と命じたことに由来する。そのため、神嘗祭をはじめとする神宮の祭りも、外宮、内宮の順に行なわれる。

参拝時の心得としては、『神拝式《しんぱいしき》』に「五十鈴川《いすずがわ》か手水舎《ちょうずや》で口と手を清め、澄《す》んだ心で鳥居《とりい》をくぐり、みだりに言葉を発せず、参道の中央を歩くことは避け、たんつばを吐かず、夜の参拝も控えること」とあり、清浄な心身で厳粛に参拝することを求めている。

参拝方法は、明治以降に定められた「二拝《はい》二拍手《はくしゅ》一拝」が原則。二度の礼、二回の拍手、一礼をしてお祈りする。

かつては、ひざまずいて頭を下げながら四回拍手をしたという。祭事での神職は「八度拝《はちどはい》」といって、立ったり座ったりを八回繰り返して八拍手をする。

豊受大神を祀る外宮

伊勢神宮の参拝では外宮を先に参拝するしきたりとなっている。これは、『太神宮諸雑事記』において、天照大神が、自分を祀る際には先に豊受大神を祀るよう命じたことに由来するという。

上皇らに求められた厳しい精進潔斎

中世の熊野参詣は、「熊野精進《しょうじん》第一」と呼ばれるほど、出発前から厳しい精進潔斎《けっさい》を求められた。上皇などが熊野詣でを立願《りつがん》すると、まずは陰陽師《おんみょうじ》が御精進《ごそうじ》、出発の日を定める。御精進とは身を清める儀式のことで、その場所には、熊野行幸《みゆき》全盛期には主に鳥羽離宮《とばりきゅう》が選ばれた。注連縄《しめなわ》を張って清浄を区別した精進屋で、五日から七日間ほど、厳重な物忌《ものいみ》、解除《はらえ》、経供養《きょうくよう》などを行なう。

物忌では、ネギ、ニラ、ニンニク、魚肉などを断ち、産穢《さんえ》、死穢《しえ》、女性の月水《げっすい》を遠ざけることなどが定められていた。そして、曼荼羅《まんだら》の前で『般若心経《はんにゃしんぎょう》』を唱《とな》えながら、立ってはひざまずき、床に額を打ち付ける額突《ぬかづき》を繰り返した。

こうした精進の途中で過ちがあれば、最初からやり直しとなった。御精進を終えると出立となる。この日付も厳守されたため、鳥羽上皇は発熱を押して旅立っている。道中でも、定められた王子《おうじ》で川の水を浴びる水垢離《みずごり》、海浜で行なう潮垢離《しおごり》などの儀式を重ねた。

熊野本宮に至ると、社前を流れる音無川《おとなしがわ》を徒歩で渡って社地へと入る。これは「ぬれわらじの入堂」と呼ばれ、最後の重要な禊《みそぎ》とされた。

本宮では、阿弥陀如来《あみだにょらい》の前で奉幣《ほうへい》や経供養を行ない、東の油戸門から退出。その後、那智、新宮、若宮王子《わかみやおうじ》などを巡拝し、往路と同じ経路で帰路についたという。京都からの往復だと総距離七百キロメートルにもおよぶ長旅だっただけに、参詣が成就した感激を綴《つづ》った記録も多く残されている。

このような、出発前から始まる諸作法については、迷いの世界から悟《さと》りの世界へと上昇する「上求菩提《じょうぐぼだい》」の過程を表わすとする見方もある。参詣により神と人が一体化したのちの帰路は、迷いの世界へ降りる「下化衆生《げけしゅじょう》」となる。

こうした厳しい精進潔斎の習わしも、鎌倉時代の頃には緩和され、庶民に門戸《もんこ》が開かれる契機となった。

熊野参詣における精進潔斎

一、産褥事　同人、夫も産生七ヶ日の間これを憚るべし。
一、葱薤事　葱は他所にて食して来る事は苦しからず。但し奉幣の日は憚るべし。
一、蒜事　青三十三日憚る、辛は七十五日。
一、鹿事　猪三十三日、鹿七十五日。
一、月水人事　精進の日は憚るべし、本陣は七ヶ日。
一、重軽服の人　憚りなし。
一、鳥、兎事　精進中取ってはならぬ。
一、死穢事　別に法を守らず。
一、堂舎（寺）参詣事　参詣した本人は当日憚るべし、但し地蔵堂（有骨堂）は七ヶ日憚る。
一、犬死に、犬産の事
一、死穢所へ人を遣す事　門前までは苦しからず。
一、精進には堂社（寺）参詣の人は庭までも入れない。

『熊野那智権現物忌精進』『熊野代官文書』には厳しい精進潔斎の決まりが記されている。

熊野参詣路

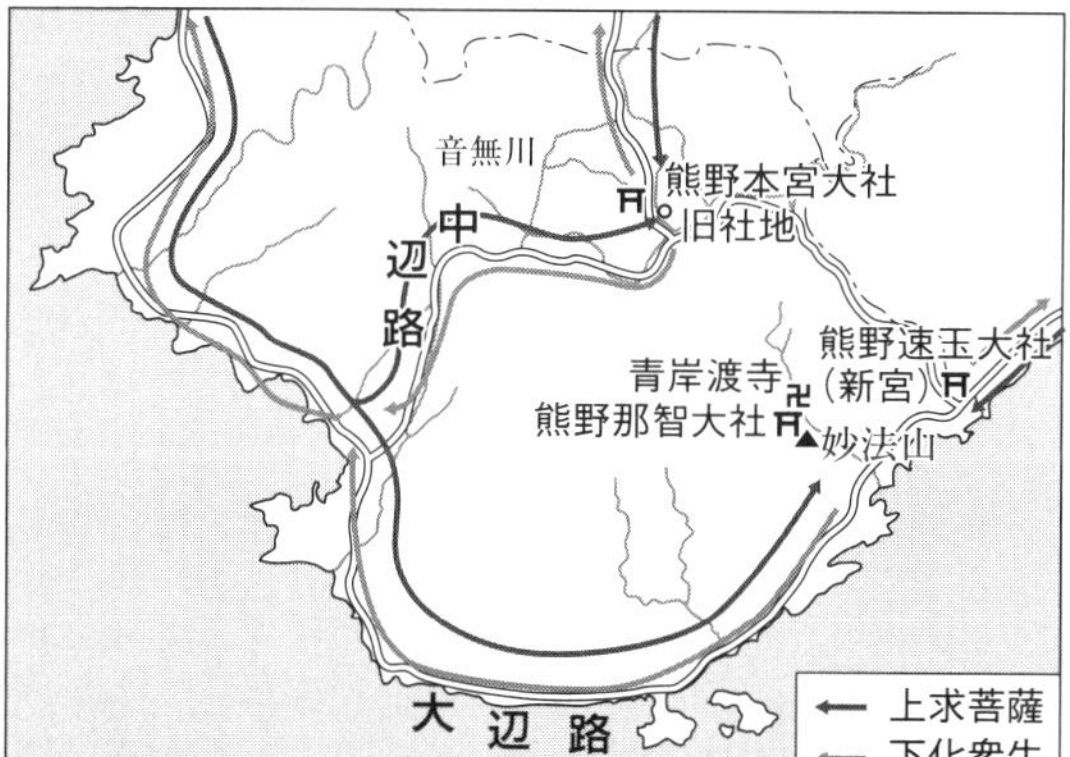

熊野はこの世の浄土と位置付けられ、往路に関しては迷いの世界から悟りの世界へと至る「上求菩提」、帰路については参詣によって神と一体化した人が再び迷いの世界へと下る「下化衆生」を表わすという。

第三章
江戸庶民の伊勢参りと熊野詣で

娯楽

参詣の旅に盛り込まれた「精進落とし」と「湯治」

伊勢神宮の眼前に発達した一大繁華街

中世から近世にかけて隆盛した庶民の伊勢参りや熊野詣でには、宗教的意味のほかに娯楽の要素もあったといえる。

伊勢から遠い東国や九州の人々にとって、伊勢参りは一生に一度の大旅行ともいえるものだった。そのため、道中の物珍しい風物を楽しんだり、ときには、地元にない農具や稲を手に入れたりするなど、旅の機会を最大限に利用しようとした。

庶民の伊勢参りは、主に十二月から四月の農閑期に行なわれた。伊勢に到着すると、御師の家で神楽を奏し、一生の思い出になるような豪華な料理に舌鼓《したつづみ》を打った。そして二見浦《ふたみがうら》で身を清め、最大の目的である外宮、内宮への参拝を済ませると、朝熊山の南峰の金剛證寺《こんごうしょうじ》にも参詣し、その後、伊勢の名所を見て回った。

なかでも、伊勢参りを済ませた人々が必ずといってよいほど足を運んだのが、内宮と外宮の間に位置する古市《ふるいち》だった。ここは、芝居小屋と妓楼《ぎろう》がずらりと並ぶ伊勢最大の繁華街で、伊勢

伊勢周辺の娯楽

伊勢神宮の周辺には数多くの娯楽スポットが点在していた。大都市でしか見られない歌舞伎の興業も行なわれており、江戸時代の伊勢はさながら一大レジャー都市の様相を呈していた。

参りの「精進落とし」の場として賑《にぎ》わっていた。古市の妓楼では毎夜、遊女の顔見世《かおみせ》も兼ねて「伊勢音頭《おんど》」が催され、華やかな衣装をまとった遊女たちが踊る様子は大変な人気を博した。参詣客の口伝えにより、伊勢音頭は各地に広まった。

そのほか、古市では歌舞伎《かぶき》や浄瑠璃《じょうるり》などの芸能も盛んで、これもまた、参詣客の楽しみの一つだった。日本各地から客が集まる伊勢の舞台は、上方《かみがた》の歌舞伎役者の登竜門《とうりゅうもん》ともいわれた。

こうして伊勢参りを楽しんだ東国の人々の多くは、さらに、熊野、大坂、京都へと旅を続けた。さらに、船で四国に渡って金比羅《こんぴらまい》参りをする場合もあったという。

潔斎の場であり湯治場であった熊野の温泉

熊野詣での場合は、近世においても道中に依然として困難が伴《ともな》ったこともあり、娯楽の要素はそれほど見られないが、旅の疲れを癒《いや》す温泉は楽しみの一つだったといえるだろう。

本宮の手前には、第十三代成務《せいむ》天皇の時代に熊野の国造《くにのみやつこ》、大阿刀足尼《おおあとのすくね》によって発見されたという湯《ゆ》の峰《みね》温泉がある。日本最古の秘湯ともいわれるこの地は、「小栗判官《おぐりはんがん》」の物語に登場することでも知られる。

中世には、熊野詣でを済ませた皇族や貴族がここで入浴し、疲れを癒してから帰途についたといわれる。十四世紀頃になると、熊野九十九王子の一つである湯の峰王子が設けられ、本宮参拝前に湯垢離《ゆごり》をする潔斎の場として利用された。時宗《じしゅう》の開祖である一遍《いっぺん》もここを訪れており、南北朝《なんぼくちょう》時代には時宗の念仏聖《ねんぶつひじり》が温泉を管理していたという。江戸時代になると、潔斎の場としての役割は薄れ、旅人や病人を癒す湯治場《とうじば》として利用されるようになった。

いずれにせよ、険《けわ》しい山道の途中にあるこの温泉は、いつの時代においても、旅人にとって何よりの休息の場であったことだろう。

湯の峰温泉

熊野参詣の楽しみの一つが紀伊の温泉であった。なかでも湯の峰温泉は、参詣帰りの上皇や貴族が入浴してから帰路についたとされる。

第三章
江戸庶民の伊勢参りと熊野詣で

神饌

特別な方法で準備され毎日供えられる神様の食事

日別朝夕大御饌祭

伊勢神宮の数多い祭事のなかでも、毎日執《と》り行なわれるという点で特別な意味を持つ祭りが、外宮において朝夕に神饌《しんせん》（神の食事）を供える「日別朝夕大御饌祭《ひごとあさゆうおおみけさい》」である。古くは朝御饌《あさみけ》・夕《ゆう》御饌といわれたこの祭りの由来は、豊受大神の鎮座伝説にまで遡る。豊受大神を迎えるようにという天照大神の神託により、外宮の御垣内《みかきうち》に御饌殿が設けられ、以来、天照大神の食事を毎日お供えするようになった。

日別朝夕大御饌祭に奉仕するのは、禰宜《ねぎ》、権《ごん》禰宜、宮掌《くじょう》に出仕《しゅっし》二名の計五名。調理の準備は、朝五時（冬は六時）、潔斎した権禰宜らが木と木を摩擦させて忌火《いみび》（種火《たねび》）を起こすことから始まる。御饌の品目は、御飯三盛、御塩、御水、乾鰹《ひがつお》、鯛（時期によって異なる）、海藻、野菜、果物、清酒三献《さんこん》となっている。

朝は八時（冬は九時）、夕方は十六時（冬は十五時）に「日別朝夕大御饌祭」が執り行なわれ、約一時間半かけて調理した神饌を捧げる。神饌は御饌殿に運ばれ、土器にトクラベという葉を

伊勢の幸

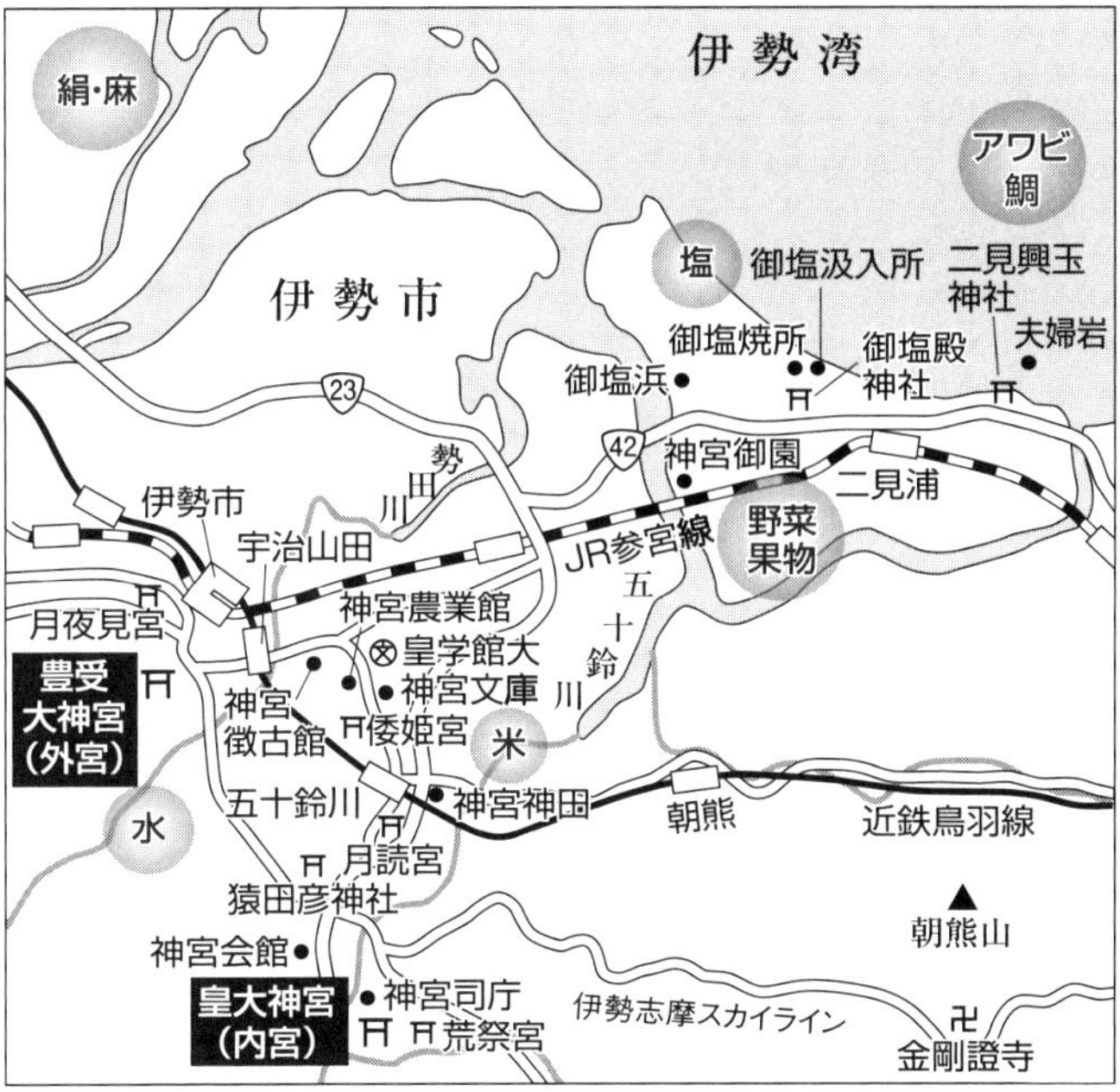

伊勢神宮の周辺では、神嘗祭に捧げられる神饌の食材や、天照大神に捧げられる衣服などが調達される。

常典御饌

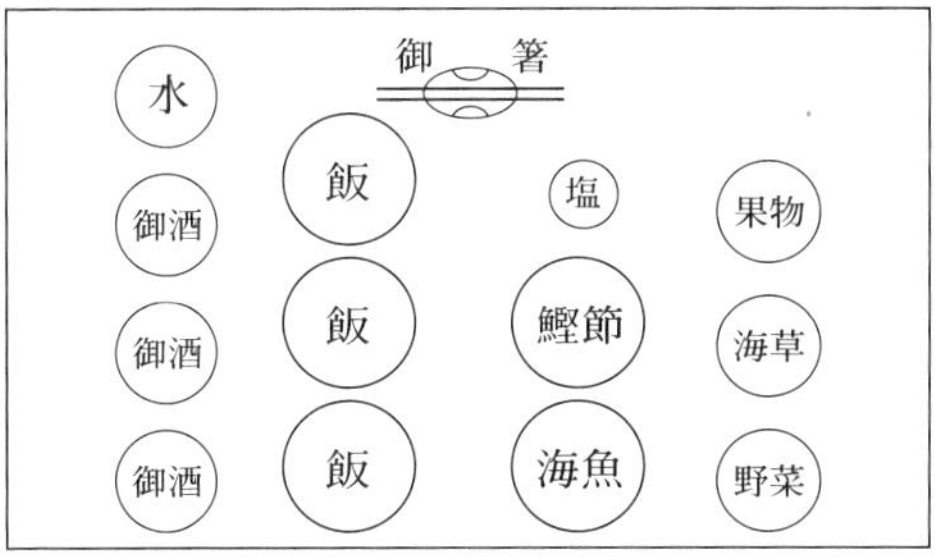

日別朝夕大御饌祭において毎日捧げられる神饌を常典御饌という。神饌を供えたのち神詞が奏上される。

敷き、そこに食事を盛り付ける。

お供《そな》えが終わると、禰宜が祝詞《のりと》を奏上し、八度拝を繰り返して神饌を下げ、約四十分でこの祭りが終わる。調理時間も含めると、一日四時間以上をかけて、神饌に関する祭祀《さいし》を毎日欠かさず続けていることになる。

現在では新鮮な魚や野菜をお供えしているが、平安時代のお供えは塩、米（強飯《こわめし》）、水が中心で、この三品は古来より重んじられた。

塩は、二見浦《ふたみがうら》から海水を引き入れる「入浜式《いりはましき》」の伝統製法で作られたものを御塩焼所《みしおやきしょ》において三角錐《さんかくすい》の形に焼いて固めたもので、「堅塩《かたしお》」と呼ばれる。

このほかにも、米は神宮神田《じんぐうしんでん》で収穫したもの、水は上御井《かみのみい》神社の湧き水、素焼きの土器は神宮御料土器調製所で製作したものを用いるなど、自給が原則という神事のしきたりが守られている。

重視されたアワビ

神嘗祭や月次祭《つきなみさい》で捧げられる特別な食事は「由貴大御饌《ゆきのおおみけ》」と呼ばれ、多種多様な珍味が供えられる。

由貴大御饌のなかでもとくに重視される品がアワビ（鰒、鮑）で、生アワビ、干しアワビ、身取《みとり》アワビ、玉貫《たまぬき》アワビなど、さまざまな形態で供えられる。伊勢神宮の神饌に用いられるアワビの使用量は、生アワビで年間千三百杯以上、干しアワビはそれ以上になるという。

アワビは主に鳥羽《とば》市国崎《くにさき》から供進《ぐしん》され、同地にある神宮御料鰒調製所で加工されている。明治維新以前には、伊勢神宮に納めるアワビを獲る「御潜神事《みかづきしんじ》」が毎年六月に行なわれていて、現在も、これを再現する同名の祭事が五月から七月頃に行なわれている。

一方、熊野の神饌についてはほとんど伝えられていない。しかしながら、新宮の速玉《はやたま》大社では、十月十五日の例大祭において、御旅所に着いた神霊《しんれい》に、掛魚《かけよ》、神酒《みき》のほか、玄米で作った小さな団子《だんご》「オミタマ」を供える習わしがある。

熊野の神に捧げられる神饌

熊野速玉大社の例大祭では、掛魚、神酒、「オミタマ」と呼ばれる玄米の団子などが供えられる。

名物と土産

ご当地の名物を味わい参詣達成を祝う

参拝客に愛されてきた和菓子と伊勢うどん

伊勢参りの参詣者は、現地でさまざまな名物を楽しみ、土産を持ち帰った。伊勢の名物といえばまず思い浮かぶ「赤福《あかふく》」は宝永《ほうえい》四年（一七〇七）の創業で、その名は「赤心慶福《せきしんけいふく》（まごころをもって福が多いことを願う）」に由来する。江戸時代の白砂糖は大変な貴重品だったため、操業当初は塩餡《あん》で、その後、黒砂糖餡、白砂糖餡と変わっていった。

伊勢にはほかにもさまざまな名物がある。宮川の渡し場で繁盛した「へんば餅《もち》」、船参宮の船着場だった二軒茶屋《にけんじゃや》の地名の由来となった「角屋《すみや》」の「二軒茶屋餅」もよく知られる。

黒く濃厚なつゆと柔らかい極太麺が特徴の伊勢うどんは、いつでもすぐに客に提供できるよう常にゆで続けたため、あるいは長旅で疲労した参詣客の胃に優しいよう配慮して、この形態になったといわれる。

注文すればすぐに出てきて、素早く食べ終えることができた伊勢うどんは、一種のファーストフードとして好まれた。

赤福本店

伊勢の参詣土産として有名な赤福は、宝永４年（1707）の創業。

故郷への伊勢土産としては、お札、伊勢暦のほか、丸薬《がんやく》（萬金丹《まんきんたん》）、白粉《おしろい》など、手軽に持ち帰れるものが一般に人気があった。

一方、熊野については、神社周辺に参詣客相手の飲食店や土産物屋が立ち並んで賑わうような状況は見られなかったようだ。

ただ、本宮や田辺の宿では、熊野詣での達成を祝って餅をつく習慣があったという。本宮の宿では、東北地方からの参詣者らが、踊りや歌に合わせて、千本杵《せんぼんぎね》という細い杵を用いた餅つきをした。田辺の宿では、関東地方からの参詣者らがやはり餅をついて参詣達成を祝い、「山祝い餅」「山越え餅」などと呼ばれた。毎年春には、このような餅つきの光景が毎日のように見られたという。

こらむ　参詣伝説③

和泉式部と熊野

熊野参詣《くまのさんけい》の中辺路《なかへじ》沿いの山中に、伏拝王子《ふしおがみおおじ》跡がある。この石祠《せきし》と並ぶようにして「和泉式部供養塔《いずみしきぶくようとう》」と伝えられる石塔が建つ。

和泉式部は数々の恋愛遍歴を歌に詠んだことで知られる平安時代の女流歌人。そんな和泉式部にも、熊野と関わる伝承が残されている。

数多くの恋愛から浮かれ女とも呼ばれた和泉式部は、後世、自らの罪を悔いて諸国を行脚《あんぎゃ》したと伝えられる。そして熊野詣《もう》でに訪れた時、

「晴れやらぬ　身のうきくもの　たなびきて　月の障《さわ》りとなるぞ悲しき」(風雅和歌集《ふうがわかしゅう》)

と詠んだ。これはせっかく熊野本宮《ほんぐう》近くまで来たというのに、道中で生理が始まり、参詣することができないと嘆いたのだ。すると夢の中に熊野権現《ごんげん》が現れ、

「もとよりも　塵《ちり》に交わる　神なれば　月の障りも　なにか苦しき」

という神託《しんたく》を下した。熊野の神は衆生《しゅじょう》を救うために俗塵《ぞくじん》に交わっているので、血の穢《けが》れも参詣の障害にならないと告げたのである。和泉式部は安心して無事参詣を果たした。

これは当時、女性の生理は穢れとして不浄《ふじょう》とみなされたが、淨不浄を問わない熊野信仰はそれすらも問わないことを示したものである。この女人救済の説話は、熊野の山伏《やまぶし》や比丘尼《びくに》によって全国に流布《るふ》し、女性の参拝者を獲得することにつながった。

【参考文献】

『民衆宗教史叢書 第1巻 伊勢信仰Ⅰ 古代・中世』萩原龍夫編、『民衆宗教史叢書 第13巻 伊勢信仰Ⅱ 近世』西垣晴次編、『民衆宗教史叢書 第21巻 熊野信仰』宮家準編（以上、雄山閣）／『熊野信仰と修験道』豊島修、『山岳宗教史研究叢書4 吉野・熊野信仰の研究』五来重（以上、名著出版）／『伊勢の大神―神宮の展開』上田正昭編、『熊野権現―熊野詣・修験道』和田萃編（以上、筑摩書房）／『伊勢神宮と出雲大社―「日本」と「天皇」の誕生』新谷尚紀、『熊野詣 三山信仰と文化』五来重、『死の国・熊野―日本人の聖地信仰』豊島修（以上、講談社）／『伊勢神宮 日本の神社4』櫻井勝之進、『熊野大社』篠原四郎（以上、学生社）／『伊勢神宮の成立』田村圓澄、『街道の日本史36 南紀と熊野古道』小山靖憲 笠原正夫編、『熊野修験』宮家準、『日本神道史』岡田荘司編（吉川弘文館）／『熊野三山信仰事典』加藤隆久編、『熊野大神』加藤隆久（以上、戎光祥出版）／『図説 東海道五十三次』今井金吾、『図説 伊勢神宮』松平乘昌（以上、河出書房新社）／『伊勢神宮―知られざる杜のうち』、『伊勢神宮の衣食住』矢野憲一（角川学芸出版）／『伊勢神宮』藤谷俊雄 直木孝次郎（新日本出版社）／『熊野古道』小山靖憲（岩波書店）／『今昔東海道独案内』今井金吾（日本交通公社出版事業局）／『神社辞典』白井永二 土岐昌訓（東京堂出版）／『神道研究ノート』櫻井勝之進（国書刊行会）／『神道史概説』鎌田純一（神社新報社）／『東海道五十三次―百二十五里・十三日の道中』岸井良衛（中央公論社）／『東海道五十三次ハンドブック』森川昭（三省堂）／『日本の古社 伊勢神宮』三好和義ほか（淡交社）／『日本の神々 第6巻 伊勢・志摩・伊賀・紀伊』谷川健一編（白水社）／『別冊太陽 熊野 異界への旅』（平凡社）

本書は小社より刊行された『図説　地図とあらすじでわかる！　伊勢参りと熊野詣で』（二〇一三年）、を加筆修正の上、再編集したものです。

監修者紹介

茂木 貞純　昭和26年、埼玉県熊谷市生まれ。49年、國學院大學文学部神道学科卒業。55年、同大大学院博士課程神道学専攻修了。現在、國學院大學神道文化学部名誉教授、神道宗教学会監事、日本マナー・プロトコール協会理事、熊谷市古宮神社宮司。おもな著書に『日本語と神道』(講談社)、『神道と祭りの伝統』(神社新報社)、『遷宮を巡る歴史』(明成社)、『神社としきたりがよくわかる本』(リベラル社)、共編著書に『新神社祭式行事作法教本』(戎光祥出版) などがある。

図説《ずせつ》 ここが知《し》りたかった!

伊勢参《いせまい》りと熊野詣《くまのもう》で

2025年1月30日　第1刷

監修者　茂木貞純《もてぎさだすみ》

発行者　小澤源太郎

責任編集　株式会社 プライム涌光

電話　編集部　03(3203)2850

発行所　株式会社 青春出版社

東京都新宿区若松町12番1号 〒162-0056

振替番号　00190-7-98602

電話　営業部　03(3207)1916

印刷　共同印刷　　製本　フォーネット社

万一、落丁、乱丁がありました節は、お取りかえします。

ISBN978-4-413-23370-5 C0014